코리언의 생활문화, 일상의 울타리

이 책은 2009년 정부(교육과학기술부)의 재원으로 한국연구재단의 지원을 받아 제작되었습니다.(NRF-2009-361-A00008)

코리언의 생활문화, 일상의 울타리

초판 1쇄 발행   2015년 3월 20일

저 자 ㅣ 건국대학교 통일인문학연구단
발행인 ㅣ 윤관백
발행처 ㅣ 도서출판 선인

등록 ㅣ 제5-77호(1998.11.4)
주소 ㅣ 서울시 마포구 마포대로 4다길 4(마포동 324-1) 곳마루 B/D 1층
전화 ㅣ 02)718-6252 / 6257   팩스 ㅣ 02)718-6253
E-mail ㅣ sunin72@chol.com
Homepage ㅣ www.suninbook.com

정가 16,000원
ISBN 978-89-5933-874-0 94900
      978-89-5933-159-8 (세트)

코리언의 생활문화, 일상의 울타리

건국대학교 통일인문학연구단

 도서출판 선인

발간사

분단된 한반도의 현실에서 통일에 대한 새로운 패러다임을 찾겠다는 취지로 '통일인문학' 연구는 시작되었습니다. 기존의 다양한 통일 담론이 체제 문제나 정치·경제적 통합을 전제로 진행되면서 시류에 따라 부침을 거듭하는 것이 현실입니다. 통일인문학은 사회과학 차원의 통일 논의가 관념적이면서도 정치적인 한계를 가지고 있다는 판단 아래 사람 중심의 인문정신을 바탕으로 한반도의 통일 문제를 진단하고 그 해법을 찾고자 하는 새로운 학문 영역입니다.

사람을 중심에 둔 통일 논의는 기존의 통일 담론에서 크게 확대된 개념으로 이해할 수 있습니다. 지리적으로도 한반도에 국한되지 않고 코리언 디아스포라를 모두 포괄함으로써 남과 북의 주민은 물론이고 전 세계에 산재한 800여만 명의 코리언을 대상으로 삼습니다. 나아가 '결과로서의 통일'에만 역점을 두고 연구 사업을 진행하는 게 아니라 '과정으로서의 통일'까지도 목표로 삼고 있습니다. 따라서 통일이 이루어지는 시점은 물론 통일 이후의 사회통합 과정에서 반드시 풀어가야 할 사람 간의 통합을 지향합니다.

이에 통일인문학은 '소통·치유·통합'을 방법론으로 제시합니다. 인문정신에 입각하여 사람 사이는 물론이고 사회계층 간의 소통을 일차적인 과제로 삼고 있는데, 이러한 소통은 상대와 나와의 차이를 인정하면서 그 가운데 내재하는 공통의 요소들을 탐색하고 이를 적극적으로 활용할 때에만 가능합니다. 그를 위해 분단 이후부터 현재까지 지속적으로 재생산되고 있는 분단 트라우마의 실체를 파악하고, 이를 치유하기 위한 방안들을 모색합니다.

그 방법으로서 통일인문학은 우선 서로에게 정신적·육체적으로 씻을 수 없는 상처를 가한 분단의 역사에 잠재해 있는 분단서사를 양지로 끌어내고 진단하여, 해법으로 향하는 통합서사를 제시함으로써 개개인의 갈등요인이 됨직한 분단 트라우마를 치유하고자 합니다. 그리고 우리 사회 전반에 자리 잡은 체제나 이념의 통합과 더불어 개개인의 사상·정서·생활 속 공통성과 차이성의 조율을 통하여 삶으로부터의 통합이 사회통합으로 확산될 수 있기를 기대합니다.

이러한 취지에서 통일인문학은 철학을 기반으로 한 사상이념, 문학을 기반으로 한 정서문예, 역사와 문화콘텐츠를 기반으로 한 생활문화 등 세 가지 축을 기준으로 삶으로부터의 통합과 사회통합으로의 확산이라는 문제를 풀어가는 데 연구 역량을 집중하고 있습니다. 그리고 이렇게 인문정신을 바탕으로 연구 생산한 성과들이 학계와 대중에게 널리 알려져 후속 연구와 사회적 반향으로 이어지기를 기대합니다.

통일인문학연구단에서는 그와 관련된 노력으로서 우선 새로운 통일 패러다임을 제시하고자 하였습니다. 통일인문학은 새로운 통일 패러다임으로서 '차이와 공통성', '분단의 트라우마와 아비투스', '민족공통성' 개념을 제안하였습니다. 그리고 추상적인 개념을 제안하는 데 그치지 않고, 이를 실증적으로 검증하기 위해 민족공통성 프로젝트를 진행하여 그 연구 성과를 매년 산출하고 있습니다. 또한 한반도의 통일문제를 연구 화두로 삼고 있는 학자나 전문가들과 학술심포지엄을 정기적으로 개최함으로써 통일인문학의 지평을 확산하고 있습니다. 특히 2014년부터 개최된 '통일인문학 세계포럼'은 통일인문학의 세계화에 크게 기여하고 있습니다. 그와 함께 분단 트라우마 진단을 위한 구술조사와 임상실험을 지속적으로 진행하고 있으며, 통일인문학의 대중화를 위한 시민강좌나 교육프로그램 개발과 그를 위한 교재 개발 사업, 통일콘텐츠 연구 개발 사업 등 다양한 방면의 모색과 실천을 거듭하고 있습니다.

그리고 이러한 다양한 활동과 사업의 성과들은 출판물로 외현되어 학계와 대중들이 적극 공유할 수 있는 장으로 옮겨집니다. 본 연구단이 특히 출간기획에 주력한 것은 『통일인문학 총서』 시리즈입니다. 현재 『통일인문학 총서』 시리즈는 모두 네 개의 영역별로 분류되어 출간 중입니다. 본 연구단의 학술연구 성과를 주제별로 묶은 『통일인문학 연구총서』, 분단과 통일 관련 구술조사 내용을 정리한 『통일인문학 구술총서』, 북한 연구 관련 자료와 콘텐츠들을 정리하고 해제 · 주해한 『통일인문학 아카이브총서』, 남북한 연구에 도움을 줄 수 있는 희귀 자료들을 현대어로 풀어낸 『통일인문학 번역총서』 등이 그것입니다.

통일인문학의 정립과 발전을 사명으로 알고 열의를 다하는 연구단의 교수와 연구교수, 연구원들께 고마움을 전합니다. 아울러 연구 사업에 기꺼이 참여해주시는 통일 관련 국내외 석학 · 전문가 · 학자들께도 심심한 감사를 드립니다. 그리고 무엇보다 자신의 소중한 체험과 기억을 구술하고, 분단 트라우마 치유를 위한 임상실험에 참여해주신 분들께도 머리 숙여 고마움을 표합니다. 마지막으로 통일인문학의 취지를 백분 이해하시고 흔쾌히 출판을 맡아주신 출판사 관계자분들께도 감사드립니다.

사람의 통일, 인문정신을 통한 통일을 지향하며
건국대학교 통일인문학연구단장 김성민

민족공통성 세 번째 시리즈를 발간하며

건국대학교 통일인문학연구단은 동북아 코리언을 구성하는 한국인, 탈북자, 재중 조선족, 재일 조선인, 재러 고려인의 5개 집단을 대상으로 지역별 개별 연구와 지역 간 비교 연구를 수행하였고, 그 결과를 책으로 발간한 바 있습니다. 먼저 2012년 민족공통성 첫 번째 시리즈로 4권의 책, 『코리언의 민족정체성』, 『코리언의 역사적 트라우마』, 『코리언의 생활문화』, 『코리언의 분단·통일 의식』을 발간하였습니다. 이 4권의 책은 2010년과 2011년 두 해에 걸친 동북아 코리언에 대한 객관적 설문 조사에 근거하여 민족공통성을 경험적으로 실증했으며, 각 지역의 사회 역사적인 삶의 맥락에서 드러난 그들의 '민족정체성', '역사적 트라우마', '생활 문화', '분단—통일 의식'을 분석하였습니다. 그리고 2014과 2015년에는 민족공통성 두 번째 시리즈로 3권의 책, 『민족과 탈민족을 넘는 코리언』, 『코리언의 생활문화, 낯섦과 익숙함』, 『식민/이산/분단/전쟁의 역사와 코리언의 트라우마』를 발간하였습니다. 이 3권의 책은 민족공통성 첫 번째 시리즈의 성과를 토대로 5개 집단에 대한 지역별 상호 비교 분석을 함으로써 민족정체성, 생활 문화, 트라우마 등에서 나타난 동북아 코리언의 차이와 공통성을 해명하는 내용을 담고 있습니다. 이상 두 차례에 걸친 연구를 통해 동북아 코리언을 사회 역사적인 내적 맥락에서 이해할 수 있었을 뿐만 아니라, 통일 한(조선)반도의 미래적 상을 위해서도 귀중한 시사점을 얻을 수 있습니다. 동북아 코리언을 대상으로 한 민족공통성 연구는 민족공통성을 실천적으로 확산하는 작업에서 현실적 구체성을 제공할 뿐만 아니라, 이념과 정서, 생활 문화에서 지난 70년 동안 서로 대립하면서 살아온 남북 주민들 사이의 적대성을 극복하는 과정에서 지혜를 얻는 과정이기도 하기 때문입니다.

그동안 코리언 디아스포라 연구의 주류는 거주국에 살고 있는 코리언을 대상으로 정체성, 생활 문화 등을 조사하는 것이었습니다. 다시 말해 국내 학자들의 동북아 코리언 연구는 해당 지역에 거주하는 코리언을 대상으로 민족정체성과 생활 문화 등을 조사하는 데에 집중되었습니다. 통일인문학연구단에서 '민족공통성'이라는 프레임 위에서 두 차례에 걸쳐 수행한 연구 역시 그러했습니다. 하지만 2000년대부터 탈북자뿐만 아니라 재중 조선족, 재러 고려인, 재일 조선인 등 국내로 이주하는 동북아 코리언이 증대되어 왔습니다. 이들의 한국 이주는 신자유주의적 세계화로 인한 국제적 노동 이주의 성격과 민족적 차원의 유대 의식이 결합되어 있으며, 나아가 같은 민족을 우대하는 한국 정부의 재외 동포 정책에 의해 더욱 확대되었습니다. 특히 1999년 '재외 동포의 출입국과 법적 지위에 관한 법률'이 제정되면서 해외에 살고 있던 동포들의 국내 이주가 대폭 증가하였고, 2007년 방문취업제 도입 이후 특히 재중 조선족과 재러 고려인의 한국행이 급증하였습니다. 2012년 현재 한국으로 이주한 재중 조선족은 약 50만 명, 재일 조선인은 약 1만 3천 명, 독립국가연합(CIS) 고려인은 약 3만 명, 탈북자는 약 2만 5천 명에 이르고 있습니다. 지난 십 수 년 사이 한국인들은 국적이 다르지만 같은 민족인 동북아 코리언을 자신의 주변에서 흔히 볼 수 있는 상황에 놓이게 된 것입니다. 이에 따라 최근 국내 거주 동북아 코리언들에 대한 연구가 점차 확대되고 있습니다. 하지만 국내 정착 문제나 정체성을 주로 다루고 있어, 그들이 한국 사회의 구성원으로서 살아가면서 겪는 문화 갈등과 정체성 분화 양상 그리고 트라우마의 실상 등을 이해하는 입체적인 연구가 되기에는 아직 부족한 형편입니다. 이제 해외에 거주하는 동북아 코리언뿐만 아니라 국내에 들어와 있는 코리언에 대한 본격적인 연구가 보다 필요한 시점이 되었습니다. 이번에 발간하게 된 민족 공통성 세 번째 시리즈는 국내에 이주한 동북아 코리언이 지난 20년 동안 한국 사회와 접촉하면서 겪은 가치관과 생활문화의 갈등, 트라우마의 경험 그리고 정체성의 분화 양상에 대한 연구 성과를 담고 있습니다.

민족공통성 첫 번째와 두 번째 시리즈는 설문 조사라는 양적인 연구에 기초하여 동북아 코리언이 지닌 민족정체성과 생활 문화 등의 객관적인 경향과 전체적인 양상들을 해명하는 데 집중하였습니다. 그러나 국내에 이주한 동북아 코리언은 자신의 거주국과 한국에서의 체험을 모두 가지고 있기 때문에, 한국인과의 만남 속에서 차이들이 갈등하고 충돌하면서 변화하는 구체적이고 내밀한 양상들을 보여주고 있습니다. 이러한 구체적이고 내밀한 양상을 살펴보기 위해서는 설문 조사와 통계라는 양적 조사에만 의존할 수 없습니다. 양적 조사는 객관적인 문항으로 구성되어 있어 동북아 코리언이 한국인과의 접촉에서 겪는 구체적인 갈등, 내밀한 충돌 등 심층적인 양상을 확인하는 데 한계를 지닐 수밖에 없기 때문입니다. 따라서 건국대학교 통일인문학연구단은 양적인 설문 조사가 아니라 국내에 거주하는 동북아 코리언을 대상으로 그들이 겪는 구체적 갈등과 욕망의 좌절 등 그들의 심층을 조사할 수 있는 심층 구술 조사를 진행하였습니다. 심층구술 조사는 2013년 하반기부터 2014년 상반기 사이에 선행 연구 결과를 토대로 작성된 질문지를 중심으로 일대일 면접을 통해 구술자에게 질문을 던지면서 그에 대한 답변을 듣는 방식으로 진행되었습니다. 특히 구술의 진행 과정에서 객관적 경향성과 충돌되는 내용들이 있으면 조사자가 적극적으로 개입하여 구술자의 말 이면에 있는 '틈새'나 '간극'을 찾아내고자 하였습니다. 이것은 그들의 이 야기 속에 존재하는 간극을 통해 감추어지거나 명확하게 드러나지 않은 그들의 욕망이나 억압, 충돌 지점들을 찾아내고자 했기 때문입니다.

민족 공통성 세 번째 시리즈의 책 제목은 『유동하는 코리언의 가치지 향』, 『코리언의 생활문화, 일상의 울타리』, 『구술로 본 코리언의 역사적 트라우마』입니다. 동북아 코리언은 한국사회와의 대면을 계기로 계급, 국적, 문화 등 여러 영역에서 갈등을 경험하면서 균열되고 분화되고 있 는 생활문화, 역사적 트라우마, 정체성의 복합적 양상을 드러내고 있습 니다. 동북아 코리언은 같은 '민족'이라는 기대감을 가지고 한국으로 이 주해왔지만, 민족적 연대감이 결여된 냉혹한 자본의 논리를 앞세우는 한편, 자신들의 이중정체성을 인정하지 않거나 거주국의 사회적 조건에 맞게 체화된 생활문화적 아비투스를 민족문화의 변질로 여기는 '한국인 의 삶의 방식에 직면하면서 끊임없는 좌절을 경험할 수밖에 없습니다. 이들은 민족적 동일화에 대한 기대가 좌절되면서 생존전략 차원에서 한 국인과 스스로를 경계를 지으면서 자신들만의 생활문화와 정체성 등을 재구성하는 다양한 양상을 보이고 있습니다. 이러한 다양한 생존 전략 들은 획일적으로 일원화될 수 있는 것이 아니라 균열하고 갈등하면서 분화하는 복합적이고 다양한 경향성을 드러내고 있습니다. 이를테면 동 북아 코리언은 한국사회의 차별로 인해 거주국 지향으로 바뀌기도 하지 만, 한국사회의 구성원이 되고자 적극적으로 노력하기도 하며, '같은 민 족'으로부터 받는 차별에 저항하면서 그들만의 네트워크를 형성하거나 민족의 불평등한 위계를 부정하는 '동포운동'을 전개하기도 합니다.

원래 기획한 민족공통성 세 번째 시리즈의 내용은 코리언의 가치―정서—생활 문화적 측면에서 민족공통성을 창출할 수 있는 실질적인 방안들과 통일 한(조선)반도의 인문적 비전을 구체화할 수 있는 대안들을 제시하는 데 있었습니다. 그러나 원래의 기획을 민족공통성 네 번째 시리즈로 변경하고, 국내 이주 동북아 코리언들이 한국 사회와 접촉하면서 겪는 생활문화와 정체성 등 다양한 충돌과 갈등 지점을 이해하는 내용을 세 번째 시리즈에 담게 되었습니다. 그 이유는 국내에 이주한 동북아 코리언이 지닌 '민족적 유대'의 다양한 욕망 흐름을 존중하고, 이 속에서 민족적 합력을 증대시키는 방안의 모색이 코리언의 문화 통합, 역사적 트라우마의 치유, 그리고 통일의 인문적 비전 수립을 위해 중요한 단서를 제공하고 있기 때문입니다. 앞으로 발간될 민족공통성 네 번째 시리즈에서는 세 차례에 걸친 민족공통성 시리즈의 연구 성과를 기반으로 민족공통성 창출의 구체적 방안과 통일한(조선)반도의 인문적 비전을 구체화할 수 있는 대안들을 제시하고자 합니다.

이 책이 발간되기까지 함께 작업에 참가하신 통일인문학 연구단 김성민 단장님 이하 연구단의 모든 선생님들께 깊은 감사를 드립니다.

건국대학교 통일인문학연구단 학술연구부장 이병수

코리언의 생활문화, 일상의 울타리

제1장 국내 거주 조선족의 정체성변용과 생활민속의 타자성 연구*

김 면*

1. 머리말

조선족은 일찍이 생존을 위해 낯선 이국타향으로 건너가 황무지를 개
간하고 삶의 터전을 잡았다. 중국 동북3성에 거주하는 조선족들은 과거
한반도 전역에서 이주해왔다.[1] 이들은 망향의식을 간직한 채 강한 단결

---

* 건국대학교 통일인문학연구단 HK연구교수.

[1] 조선족 집거지 형성과정에 있어서 초기에는 흉년과 자연재해로 인해 생계를
잇고자 한인의 월경이 시작되었다. 이후 일본의 만주식민지 정책이 본격적으
로 추진되면서 한인의 수가 급속히 증가하였다. 특히 영남지역에서 많은 수
가 강제이주 되었고 전라도지역 출신은 적었다. 이러한 상황은 식량증산을
위한 노동력 수요로 인하여 호남인들을 만주로 송출한 비율이 상대적으로 낮
았던 것으로 보인다. 경상도 사람들은 길림성 통하시·유하·매화구시·장춘
시·구태시를 거쳐 흑룡강성으로 혹은 길림시와 영길현·흑룡강성 오상시와
상지시, 아성시 등으로 이어지는 이주로를 통해 이동되었다. 나아가 흑룡강

력으로 자치공동체를 이루고 고유의 민족문화를 계승하며 지켜왔다. 조
선족은 비록 타향에 몸담고 있지만 한반도와 같은 민족임을 동일시하였
고 강한 종족의식으로 타민족에 대해 자긍심을 보여 왔다. 현재 중국 내
여러 소수 민족 중 11번째에 이르는 큰 규모를 차지하고 있다.

조선족사회는 중국의 개혁, 개방의 흐름을 타고 80년대 중반 이후 전
통적으로 살아온 동북3성 촌락지역에서 이탈하여 도시로 집중하는 경향
을 보인다. 특히 90년대에 들어서 해외 노무 수출이 활성화되었고 조선
족은 해외로 본격적으로 진출하였다. 반세기 오랜 기간 동안 조선족은
한국과의 왕래가 완전히 차단되었다. 조선족은 적성국의 구성원으로 분
류되어 한국인과 교류가 불가능하였다. 조선족은 1980년대 후반 88올림
픽을 전후하여 친척방문으로 국내로 처음 입국하게 되었고, 1992년 한
국과 중국 간 국교 정상화로 조선족의 국내이주가 본격화되었다. 당시
한 신문기사는 중국동포의 귀환과 관련하여 다음과 같이 보도하였다.

"2차 대전 종전 당시 만주지역에 흩어져 살던 동포들 중 본국에 귀환하
지 못하고 잔류했던 이들 동포들이 겪은 고난의 역사에 대해 우리는 너무
무관심했다.(…) 우리가 2백만 중국동포들을 받아들이고 같은 핏줄로서
만나기 위한 전제로서 그들의 자긍심을 인정하고 수용하는 것이 중요하
다."(동아일보 1992년 9월 4일)

당시 여러 매체들은 중국동포를 오랜 이산가족을 만난 것처럼 환영하
며 조선족과의 교류를 기대하였다. 이후 국내 경제상황과 노동시장의
환경의 변화로 저임금 노동자의 수요가 늘어나면서 경제적 이주자로서

성 전역은 물론 내몽골 지역으로까지 분포하는 넓은 지역으로 이주 정착하고
민족거주지를 이루어왔음을 알 수 있다. 정근재, 『그 많던 조선족은 어디로
갔을까?』, 북인, 2005, 241쪽 참조.

국내 입국이 급격하게 늘어났다. 한국정부는 1993년 산업연수제, 1998년 연수취업제, 2003년 고용허가제와 같은 취업과 체류를 위한 제도를 마련하였고 노동부와 법무부는 이들을 관리할 수 있는 체계를 정비하여왔다.2)

대한민국에 거주하는 체류외국인이 2013년 기준으로 157만 명을 넘었다. 이 중 재외동포가 약 38%인 60만 명에 이른다. 재외동포 중에서 중국동포가 약 85%인 512,120명을 차지하며 외국인 집단 중 가장 큰 집단을 이루고 있다.3) 체류 외국인의 국적별 현황을 보면 다음과 같다.(2013. 12.31, 단위: 명)

체류 외국인 국적별 현황

구 분	총체류자	합법체류자	불법체류자
총 계	1,576,034	1,392,928	183,106
중국(한국계포함)	778,113	708,870	69,243
한국계	497,989	478,875	19,114
미국	134,711	131,569	3,142
베트남	120,069	92,829	27,240
일본	56,081	55,139	942
필리핀	47,514	34,485	13,029
태국	55,110	34,445	20,665
인도네시아	41,599	34,876	6,723
우즈베키스탄	38,515	33,545	4,970

중국국적의 조선족이 총 192만 명으로 추산되고 있는 만큼 단기 비자로 들어와 눌러앉은 불법 체류자까지 포함하면 노약자를 제외한 경제활동 가능인구의 대부분이 국내에 이주하여 있다고 볼 수 있다. 방문취업제로 입국한 뒤 법무부에 자진 취업신고를 한 조선족 16만여 명의 직장

---

2) 윤영도, 「조선족·고려인 초국적 역/이주와 포스트국민국가적 규제 국가장치」, 『귀환 혹은 순환: 아주 특별하고 불평등한 동포들』, 그린비, 2013, 87쪽.
3) 법무부 출입국·외국인정책본부, 『2013 출입국·외국인정책연감』(2013.12.31), 86쪽.

을 업종별로 보면 제조업 6만 1천여 명(38%), 음식점 4만 6천여 명(28%), 건설업 3만 4천여 명(21%), 가구 내 고용활동 7천여 명(4%) 등이다.[4] 대부분이 공장이나 식당, 공사판 등 내국인이 기피하는 3D 업종에 종사하고 있음이 파악된다.

통계청이 지난해 10월 발표한 '2014년 외국인 고용 조사 결과'에 따르면 외국인 취업자 85만 1천 명 중 60% 이상이 월 200만 원 미만의 급여를 받고, 절반이상이 주 50시간 넘게 근무하는 것으로 나타났다. 국적별로는 한국계 중국인 38만 6천 명(45%), 베트남인 7만 2천 명(8.5%), 중국인(한국계 제외) 5만 4천 명(6.3%) 순으로 나타났다. 연합뉴스(2011년 7월 5일자)에 따르면 구체적으로 대림동 C직업소개소 소장은 3천 명의 가사도우미 가운데 40%를 조선족이 차지하며, 경기도 안산 W간병인협회 관계자는 간병인의 70%는 조선족이라고 한다. 이처럼 국내 노동시장에서 조선족은 어려운 현장의 노동력 공백을 메우는 역할을 담당하여왔다.

국내로 들어와 조선족은 한국에 체류하면서 한국인들과 많은 갈등을 겪게 되었다. 조상의 땅, 한국에서 경험하는 냉혹한 현실로 인해 이들은 그동안의 환경적 차이로 생긴 정체성의 간극을 인식하는 계기가 되었다. 국내 거주 조선족은 특히 구로구 가리봉동, 영등포구 대림역 일대와 금천구 지역주변에 본국 중국의 사회문화적 환경을 꾸미고 그 안에 자신들의 삶을 만들어가고 있다.

조선족과 한국인은 공통된 조상에 같은 언어와 풍속을 지녀왔다고 생각했다. 그러나 조선족이 한국에 거주하면서 느끼는 문화적 차이는 같은 민족의 생활양식 범주로 고찰하기에 많은 어려움이 있다. 민족문화가 역사성을 벗어나 불변하는 성격이 아니며 영구히 고정적으로 유지될 수는 없을 것이다. 따라서 조선족과 한국인, 이들은 서로 다른 환경에서

---

4)『연합뉴스』, 2011년 7월 5일.

상황에 맞게 어떠한 새로운 문화양식을 형성하여왔고 정체성의 변화를 겪어왔는지 분명히 인식할 필요가 있다.

본 글은 첫 장에서 국내 거주 조선족이 현재 갖고 있는 민족정체성과 생활문화의 성격을 규명하고자, 민족(Volk) 개념의 기본적인 인식 틀인 '고향', '전통', '혈연'에 대하여 이들이 어떤 의식을 지니고 있는지 살펴보고자 한다.[5]

첫째, 고향의 개념은 정체성 형성을 이루는 공간적 의미를 내포하고 있다. 한반도를 떠나 조선족은 연변에 터를 잡았다. 이 지역이 지닌 의미는 무엇인지, 그리고 이후 국경을 넘어 현재 국내에 조선족 집거지가 형성되어있는데 이주민의 공간과 정체성 사이에 어떠한 상관성이 있는지 살필 것이다. 둘째, 전통의 개념은 민족공동체에서 역사적으로 형성, 축적되어 온 양식을 진정성 있게 계승하는 통시적 맥락과 관련이 있다. 국내 거주 조선족의 전승력을 살피기 위해서 같은 언어, 세시풍속과 제례 및 생활관습에서 어떠한 변화와 차이를 서로 보이는가를 고찰할 것이다. 일상생활의 잔존문화 및 변화요소를 현재의 관점에서 구체적으로 분석하려는 것이다. 셋째, 혈연의 개념은 민족구성원으로서 귀속감과 관계가 있다. 조선족은 민족구성원이지만 국가적으로 중국공민으로서 살아왔다. 과거 우리는 편협한 민족성을 고수하여, 이들을 새로운 사회구성원으로 인정하지 않는 배타성을 보여 왔다. 국가 및 민족소속감의 문제로 갈등하는 국내 조선족의 종족정체성을 관찰하고자 한다.

다음 장에서는 조선족 디아스포라에서 확인할 수 있듯이, 상이하게 변용된 생활문화의 차이에 대해 향후 연구방법을 모색해보고자 본다. 통일

---

5) 과거 빌헬름 하인리히 릴교수는 민속학을 체계화하면서, 언어(Sprache), 풍속 (Sitte), 종족(Stamm), 취락지 (Siedlung)인 4S를 중심으로 민족의 성격과 정체성을 범주화하였다. Riehl, Wilhelm Heinrich: Die Volkskunde als Wissenschaft (1858), in: *Culturstudien aus drei Jahrhunderten*, Stuttgart 1859.

미래적 시각에서 조선족과 한국인 사이에서 보인 정서적 이질감을 어떻게 해소하고 생활의 편차를 극복하여 통일된 민족문화로 나아가도록 해야 하는 지 전망해보고자 한다. 조선족과 같은 민족구성원들이 중국으로부터 가져온 낯선 생활양식을 받아들이고 교감을 통해서 우리의 새로운 민족문화로 발전시키는 역량이 필요할 것으로 본다. 같은 민족 안에서도 지역별로 뿌리내린 다양한 민족문화는 문화적 정체성을 생태학적으로 풍부하게 누릴 수 있도록 할 수 있다. 그리고 전후 독일인들이 동유럽 동포들과 민속문화의 간극을 인식하면서도 상호이해의 폭을 넓혀간 통합 사례들을 참조할 것이다. 이를 토대로 조선족 디아스포라의 상황을 고려하여 민족문화의 개념을 확장하는 패러다임을 구상해 보고자 한다. 연구는 2013년 12월에서 2014년 5월까지 서울, 경기지역을 중심으로 조선족 15인에 대한 심층구술면접조사를 실시한 것에 기초하여 작성되었다.

번호	이름	나이	직업, 하는 일
1	오○화	36세	서비스업
2	허○봉	28세	대학원생
3	장○진	27세	직장인
4	이○철	26세	대학생
5	강○남	59세	식당일
6	최○의	25세	대학생
7	동○용	29세	사업
8	김○순	63세	서비스업, 식당일
9	김○자	52세	식당일
10	김○흠	30세	사업
11	동○성	59세	前직장인
12	리○태	26세	대학생
13	이○매	25세	사업
14	량○호	30세	건축사
15	김○숙	56세	식당일

조선족 구술자 명단조선족 구술자 명단

2. 국내 거주 조선족의 타자정체성과 생활문화의 혼성화

1) 고향과 지역성

민속학은 '고향'이란 단어를 통해 민족의 근원성과 공동체문화를 설명하고 있다. 개인이 태어나 성장하면서 고향이라는 공간에서 예로부터 내려오는 전통과 생활양식을 습득하고 이에 따라서 행동하게 된다. 집단의 구성원은 그 과정에서 고유의 민속문화를 터득함으로써 어떤 특정한 인성과 태도를 공유하게 되고, 자신의 사회문화적 정체성을 갖추게 된다.

민속학의 주요 개념과 관련하여 '고향'이 지닌 함축적인 의미는 사회학 사전에 다음과 같이 서술되어있다.

> 고향은 사람이 특별한 소속감을 느끼는, 개인적으로 체험한 공간의 영역을 통칭한다. 대개 유년기시절의 특별한 생활환경과 전통이 새겨진 경험들이 종합된 곳이다. 좁은 의미로 사람이 인성을 키우며 처음 결정적으로 사회적 관계를 맺는 산천이고 취락지이다. 고향의 기억과 체험은 이후의 사회적 경험과 소속감에 방향과 가치기준을 갖는데 (대개) 긍정적으로 영향을 준다.[6]

사람은 '고향' 공간에서 향토적, 지리적 환경을 배경으로 자신의 내면성을 성장시키게 된다. 개인은 지역구성원들과 함께 자신들의 가치관 및 행동기준을 오랜 시간 전승된 민속체계에 맞추게 되고 공동체 안에서 심리적 안정감을 갖게 되는 것이다. 민속학에서 보이는 전원이나 농촌

---

6) Karl-Heinz Hillmann(Ed.), Wörterbuch der Soziologie, Aufl. 4, Stuttgart: Kröner, 1994, p.327.

에 대한 동경은 고향이 주는 주관적 느낌과 같이 '집단적인 기억'을 통해 과거에 존재했었던 것 같은 안정감, 친화성, 소속감을 찾는 맥락으로 볼 수 있다.

조선족의 정체성과 관련하여 이들의 근원인 고향 및 공간적 의미를 살필 필요가 있다. 재중동포인 조선족의 기원은 150여 년 전 시작되었다. 이후 한반도의 경제상황, 정치변화 및 일제의 강제동원 등을 이유로 한인들이 이주, 정착하여 오늘날 동북3성인 길림성, 헤이룽장 성, 요령 성에 200만여 명에 이른다고 한다. 조선족은 중국에 정착을 한 후 집단 고유의 단결력으로 자신의 취락지를 이루어왔다. '제2의 고향'으로 여기 며 전통고유의 문화를 유지하면서 민족공동체의 귀속의식을 중요한 자 산으로 보았다. 그러나 현재 재중 조선족에게 한반도는 직접적인 고향 이기보다는 부모 내지 조부모의 고향이다. 따라서 조선족은 노년층을 제외하고 한국에 대해 직접적인 기억을 가지고 있는 사람은 드물다고 볼 수 있다. 그럼에도 이들은 할아버지, 할머니 내지 부모들로부터 한국 에 관하여 어릴 때부터 듣고 자라왔다. 그렇기에 조선족은 한국에 대해 다른 나라들보다도 특별히 친근한 애착을 지니게 된다. 조선족은 한국 으로 오기 전 한반도를 선조의 뿌리가 있는 곳이기에 한국에 남다른 애 정을 지니고 있었다. 조선족에게 고향은 태어나고 자란 현재 중국의 동 북3성이 해당할 것이다. 한반도를 떠난 한인들은 연변을 중심으로 우리 고유의 전통촌락을 건설하였고 민족공동체사회를 재현하고자 했다.

동○성은 자신의 고향에 대해 다음과 같이 설명하였다.

> "제가 살던 길림시 강밀본진에는 다 섞여서 삽니다. 저희 엄마, 아빠는 함경북도에서 왔어요. 그곳에는 강원도, 평안도, 황해도. 특히 경상도분 들이 많지요. 전라도 사람도 더러 있고요. 특정지역만이 아니고요. 한반도 사람이 전부 모여 살고 있었지요, 계속."[7]

연변 자치주 한 마을촌락 삼합진

현재 20여 년 전부터 연변 조선족자치주지역은 큰 변화를 겪고 있다. 중국 내 산업화와 도시화의 영향 속에서 농촌노동력이 도시로 흡입되는 과정을 겪으며 농촌중심의 조선족공동체는 보다 빠른 해체양상을 보이고 있다. 조선족은 마을을 떠나 다른 지방이나 대도시로 나가게 되면서, 조선족자치주 인구수가 크게 감소하고 있다. 이들은 동북3성을 떠나 연해도시로 이동하는 비율이 한족 및 여타소수민족에 비하여 현저하게 높기에 조선족이 상대적으로 더 급격한 변화를 겪고 있다.[8] 농촌 취업인구의 전출비율이 중국 전체의 평균 9%에 비해 조선족은 17~20%로 최고 이동비율을 기록하고 있다.[9] 조선족 촌락은 조선족 정체성의 기반이었다. 조선족자치주에 출산율이 감소하면서 향후 조선족 집거지는 동질성

---

7) 동○성 구술/ 저자 녹취, 2014년 3월 26일.

8) 오○화는 조선족 이동과 관련하길 언급하길, "조선족 지금 거의 없지요. 특히 시골에. 다 한국으로 가거나 다른 곳으로 가지요. 조선족들은 농사짓는 사람이 별로 없어요. 지금은 한족들이 농사짓고 있지요." ; 저자 녹취, 2014년 1월 13일.

9) 권향숙, 「조선족의 일본 이주와 에스닉 커뮤니티: 초국가화와 주변의 심화사이의 실천」, 『역사문화연구』 44집, 2012, 4쪽.

광진구 장안동 건대입구 양꼬치거리

이 높은 민족사회에서 다민족의 사회로 변화될 것으로 보고 있다. 연변
자치주 통계국의 발표에 따르면, 연변지역 재적 인구는 1994년 1,147,074
명에서 2006년의 855,782명으로 줄어 12년간에 311,292명 감소하였다.[10]
1953년 당시 70.5%를 차지했던 연변자치주의 조선족 비율은 최근 36%까
지 떨어졌다.[11]

강○남 씨는 현지의 공동화 상황에 대하여 언급하였다.

"지금 한 집에 한 사람이 남아있기 힘들어요. 많이 줄었지요. 동네가
이십 집이라면 여섯이나 일곱 집 밖에 안남아 있어요. 다 (집이) 털렸지
요. 그런 집들에는 한족들이 와서 살아요. 돈도 안 받고, 집만 지켜주면서
살아가는 거예요. 이제는 한족들과 함께 섞여 있는 셈이에요. 조선족들은

---

10) 박광성, 「세계화 시대 조선족을 이해할 수 있는 핵심적 키워드」, 『미드리』 제
6호, 2011, 81쪽.
11) 『연합뉴스』, 2011년 7월 8일.

다 외국이나 큰 도시로 나가 돈을 벌지 않아요? 돈이 있어야 생활을 하니
깐, 벌려고 외국까지도 뛰는 거지요. 한국으로 일본으로 나가는 거예요.
돈 좀 있는 집은 미국이나 캐나다까지 가요."12)

연변이 중국에 속하지만 한국인들에게 낯익은 민족적 경관으로 재현
되었던 반면에, 가리봉동과 대림동은 한국에 있는 장소이지만 우리 일
상적 삶의 경관과 동떨어진 낯선 공간으로 재현된다.13) 현재 조선족이
머무르는 대표적인 생활공간은 과거 서울 내 공업단지 노동자 주거지역
중 하나였던 구로구 가리봉동과 영등포구 대림동을 중심으로 하는 주변
일대이다. 국내 체류 조선족 중에서도 구로, 영등포에 전체의 36.3%에
이른다고 본다.14) 이 거주밀집지역은 입구부터 중국 간자체 표기된 간
판을 위시하여 중국과 관련한 각종 가게 및 상품을 쉽게 볼 수 있다. 주
변에 조선족 식당, 식료품가게, 노래방, 술집, 여행사, 환전소, 직업소개
소 등 마치 중국 내 고향마을처럼 이국적인 경관을 보인다. 이곳은 일터
가 가깝고 교통이 편리한 근거리에 위치해 있다. '중국동포타운' 안에서
이들은 서울 내 타 지역보다 상대적으로 저렴한 월세로 지낼 방을 구할
수 있다.15) 이곳에 집중적으로 거주하면서 작은 연변동네와 같이 조선
족 커뮤니티를 형성하게 되었다. 한국에 입국한 조선족이 정착 초기에
개인주택을 개축하여 만든 일명 벌집이라는 쪽방에서 기거하며 한국생
활을 시작하게 된다. 한국인에게는 이 지역이 이방인의 공간이면서 우

---

12) 강○남, 구술/ 저자 녹취, 2014년 3월 12일.
13) 양은경, 「민족의 역이주와 위계적 민족성의 담론 구성-조선일보의 조선족
　　담론 분석」, 『한국방송학보』 24-5, 2010, 215쪽.
14) 이정은, 「재중동포 사회의 차이와 소통의 문화정치: 한국 내 조선족 커뮤니티
　　의 구성과 교류」, 『민주주의와 인권』, 11권 제3호, 2011, 219쪽.
15) 김현선, 「한국 체류 조선족의 밀집거주 지역과 정주의식-서울시 구로·영등
　　포구를 중심으로」, 『사회와 역사』 87집, 2010, 248쪽.

범지대의 공간으로 평가되기도 한다.

중국동포타운은 이들의 작은 지역공동체를 이루는 초국가적 공간으로서 공론장의 역할을 하는 것이다. 이 주거환경 안에서 서로 간의 익숙한 생활양식을 유지시키며 조선족 사회관계망을 통해 주변인들을 활용하게 된다. 구체적으로 이들은 가까운 친구나 지인 혹은 친지로 부터 입국과정부터 국내생활이 용이하도록 도움을 받게 되고 낯선 조국에 자생적 기반을 놓을 수 있게 된다. 국내체류를 위한 물질적 지원뿐만이 아니라 일자리, 거처, 숙식, 생활적응방법 등 새로운 '타향살이'에 대한 유용한 정보를 습득할 수가 있게 되는 것이다. 또한 한국 생활에서 앞선 이들이 겪은 경험담과 구직활동에 관한 정보와 같은 구체적인 정착법이 전수되기도 한다. 조선족은 새로운 인간관계를 기존의 인적연결망을 확장하는 선상에서 이루고 있다.16) 조선족은 주로 중국에서부터 가깝게 지낸 사람들과의 교류하면서 심리적 안정감을 찾게 된다.

그동안 한국 사회에서 한국인들이 보여 왔던 조선족에 대한 배타성이 이들의 고립된 감정을 심화시킨 측면이 있다. 이에 대응하여 조선족은 한국에서 살지만 한국인과 인간관계를 새로이 맺는 것보다도 과거 중국에서부터 유지되어온 지인 및 학연의 '관시(關係)'에 보다 의존하도록 했다고 보인다. 조선족은 대한민국의 낯선 일원으로 편입을 꾀하기 보다는 이들의 지역공동체에 자리를 마련하는 것을 우선하는 것으로 볼 수 있다.

반면에 조선족의 강력한 정서적 연대감은 국내로의 문화적 적응을 지연시키기도 한다. 조선족이 국내사회 속에서 인적관계망을 제한하고 조선족 커뮤니티에 깊게 의존을 할수록 타자화된 자신들을 보다 강화시키는 측면이 있다. 나아가 이들이 특정한 공간에 집중 거주하면서 결집하

---

16) 안재섭, 「서울시 거주 중국 조선족의 사회·공간적 연결망: 기술적 분석을 중심으로」, 『한국사진지리학회지』 19권 4호, 2009, 219쪽.

는 양상은 한국사회에 흡수되지 못하고 한국인과 경계를 짓는 한 단면을 보는 듯하다.[17]

국내 거주 조선족 중 많은 사람들이 조상의 나라인 한국을 영주거주지로 결정하지 않는다. 대부분 중국에서 태어난 조선족에게는 고향이 될 수 있는 정서적인 연결고리가 없는 낯선 공간일 뿐이다.[18] 구술면담을 통해 확인해 보면 젊은 세대는 향후 자신들이 태어나고 자란 중국으로 돌아가서 그곳에서 생활의 터전을 마련하려고 한다. 나아가 이들은 연변자치주로 돌아가기 보다는 연해 지구의 산업도시로 진출하여 보다 나은 직업을 찾을 것을 염두에 두고 있다. 또한 장년, 노년층들도 말년에 고단한 한국생활을 접고 '이들의 고향'인 조선족자치주로 돌아갈 의지를 보이고 있다. 조선족 중 많은 이들이 한국체류를 한시적인 취업이나 교육 등과 같은 특정한 목적을 이루고자 한다. 이들에게 대한민국에 대한 향수는 낯설며 정착의지를 보이는 경우가 매우 적은 것으로 확인할 수 있다. 조선족 중 상당수가 현재 중국에 가족을 두고 떨어져서 살고 있지만 돈이 모이면 중국으로 돌아가 같이 살고 싶어 하고 있다. 이들은 중국 고향땅으로 귀환을 염두에 두고 한국의 '타향살이'에서 여러 어려움을 감내하고 있다.

2) 전통과 역사성

문학비평용어사전에 따르면 '전통'은 한 집단이나 공동체 내에서 형성되어 역사적 생명을 가지고 내려오는 사상, 관습, 행동 등의 양식이나

---

17) 김영경, 「한국 내 조선족 청년들의 사회문화 적응력 향상을 위한 요구 분석」, 『한국기독교상담학회지』 Vol.15, 2008, 175쪽.

18) 최병우, 「한중수교 이후 조선족 소설에 나타난 삶과 의식」, 『한중인문학연구』 제37집, 2012, 118쪽.

그것을 이루는 정신적 가치 체계를 말한다.[19] 조선족은 오래전 중국의 동북지역인 간도로 이주하여 척박한 황무지를 일구며 정착촌을 건설하면서, 집단고유의 단결력을 바탕으로 민족문화의 생활양식을 유지하여 왔다. 비록 국적은 중국이지만, 조선족은 낯선 환경에서도 민족의식을 지키고자 초등교육에서 고등교육까지 체계적인 민족교육을 실시하여왔다. 최ㅇ의는 조선족의 교육열과 관련하여 언급하였다.

> "조선족의 교육 수준은 한족을 포함해서 제일 높아요. 아버지께서 어렸을 때부터 말했어요. 우리는 중국 사람이 맞지만, 우리는 본토적인 민족은 아니다. 밖에서 온 민족이다. 조선인은 남의 땅에 살기 위해서는 남들보다 더 많이 공부를 해야 한다."[20]

민족학교는 조선어의 말과 글을 가르치며 우리의 전통을 계승시키고자 노력하였다. 이러한 교육열의는 중국에서 다른 민족과 구별되는 민족정체성의 근거가 되었다. 특히 중국정부가 소수민족정책을 통해 조선족에게 자치권을 부여하여 민족학교를 건설하고 민족교육을 이행하는데 지원을 하였다. 따라서 조선족은 큰 어려움 없이 고유의 민족정체성을 지켜올 수 있었다고 볼 수 있다. 1990년대부터 연변자치주 내 많은 조선족의 민족학교가 통폐합되거나 폐교되고 있다. 일차적으로 농촌지역에 낮은 출산율로 취학 아동이 적어졌고 산업화의 여파로 많은 농촌 주민수가 급감하여 단일민족학교가 운영되기 어려운 사정이 있다. 남은 아동들은 주변의 다른 학교로 전학가거나, 한족학교로 진학하는 비율이 늘고 있다. 이전에 민족정체성이 강조되고 한족학교를 낯설게 바라보기도 했던 때도 있었으나, 현재는 많은 이들이 한족학교로 가고 있다. 조

---

19) 한국문학평론가협회, 『문학비평용어사전』 하, 국학자료원, 2006.
20) 최ㅇ의, 구술/ 저자 녹취, 2014년 1월 7일.

선족사회도 후속세대가 향후 중국사회로의 진출할 수 있음을 고려하여 교육의 개방성을 보다 넓혀가고 있어서, 교육시스템도 자연스럽게 중국사회로 편입되어가는 양상을 보이고 있는 것이다. 분명한 것은 조선족의 민족교육은 공동체의식을 유지하는 데 큰 역할을 해왔으나, 현재 민족정체성 측면에서 매우 큰 변화에 봉착해있다.21)

조선족 민족학교는 한어와 조선어의 의미를 함께 인정하고 통상 이중언어교육을 진행하였다.22) 조선어 수업시간을 배정하여 우리말의 학습을 장려하였고, 여타 수업은 중국어로 진행되는 경우가 많았다. 이들에게 교육정책상 민족어인 조선어가 강조되고 있지만, 엄연한 중국공민이기에 동시에 중국어사용이 또한 자연스럽게 이루어졌다. 조선족은 보통 중국 내 공식적인 사회생활에서 중국어를 사용해야했고, 반면에 가정이나 일상생활에서 조선말을 자유롭게 사용하여 언어혼종화 현상을 보게된다.

허○봉은 구술인터뷰에서 이중 언어 환경과 관련하여 흥미 있는 진술을 하였다.

> "조선족은 한어와 조선어, 두 언어를 구분 없이 다 사용할 줄 알고 있으나, 조선족에게 좀 더 미세한 표현을 하려면 아무래도 한어보다는 조선말을 통해 말을 할 때 더 편안함을 느껴요"23)

---

21) 임영상, 「동북의 조선족 학교와 조선족 문화관─민족문화예술교육의 협력」, 『백산학보』, 94호, 2012, 198~199쪽.

22) 이○철은 민족학교 수업과 관련하여 전하길, "초등학교 때부터 조선족 학교가 따로 있어요. 조선어로 강의를 해요. 책을 보면 다 한글이에요. 한어는 따로 배워요. 영어도 따로 배우고요. 강의는 조선말로 강의를 듣고, 한어를 배울 때는 한어로, 영어를 배울 때는 영어로 배워요." ; 저자 녹취, 2014년 1월 3일.

23) 허○봉 구술/ 저자 녹취, 2013년 12월 27일.

조선족은 단일 언어만으로 생활하기 어려운 이중정체성의 생활환경 안에서 자라왔다. 따라서 이들이 한국행을 결심하게 하는 동기가운데 우리말을 자유롭게 구사할 줄 안다는 요건이 중요한 자산임을 알 수 있다. 조선족이 국외로 나가서 취업을 생각하는 경우에 생소한 외지보다는 말이 통할 수 있는 한국에서 비교적 쉽게 적응하리라고 막연하게 기대를 했었다. 조선족은 입국 이후 한국사회로의 진입을 시도하다가 자신들의 말투에 대한 한국인의 태도에 대해 당혹하게 된다. 같은 한국어이지만 조선족의 말씨는 연변사투리로 자신의 출신을 노출하게 되는 것이다. 같은 언어임에도 이들의 말은 한국인에게 낯선 방언일 뿐이다. 조선족은 생소한 언어 환경을 접하게 되면서 심리적으로 혼란을 느낀다. 한국어는 조선족과 한국인 사이의 민족적 동질성을 인식시키기 보다는 오히려 이질성의 근거가 되는 것이다.[24]

김○흠은 낯선 말투와 관련하여 한국인들의 반응에 대해 설명했다.

> "처음에 일자리를 구할 때, 제가 억양이 한국말투가 아니깐 우리가 아무리 한국말을 쓰려고 해도 딱 들어보면 물어봐요, '외국인이시죠?'라고. 그리고 '저희 외국인 안 써요'라고 짜증스럽게 애기해요. 조선족 신분을 감추려고 해도 못 감추어요. 표가 말투에서 나니까요. 말을 하면 티가 나니깐 아예 감추려고 하지 않아요. 아예 먼저 알려줘요. '저 교포예요'라고 '이 일자리에 괜찮아요?'라고 묻죠."[25]

언어는 사람 간 자신의 의사를 교환하는 일차적인 도구이다. 또한 언어는 한 사회의 문화를 고스란히 반영하게 된다. 같은 민족이라 하더라

---

24) 임성숙, 「한국 내 조선족 노동자의 민족정체성 재형성과정」, 한양대학교 석사학위논문, 2004, 44~45쪽.
25) 김○흠, 구술/ 저자 녹취, 2014년 3월 19일.

도 국가 간 장벽으로 접촉이 쉽지 않아 오랜 시간들을 교류 없이 보내면서 같은 언어는 서로 다른 문화상을 담게 되고 이질화 현상을 유발할 수 있는 것이다.

조선족의 언어는 국내에서 예기치 않은 갈등을 야기할 수 있는 요소로 작용하게 된다. 조선족 언어는 중국 북방계통어의 방언 및 출신지에 따라 경상도 혹은 함경도 어투가 섞이게 되어서 한국인이 낯설어 하는 말투로 어색하게 들릴 수 있다. 반면에 조선족에게 한국어는 영어식 일상화된 표현 및 서구식 스타일의 외래어가 많이 혼종화되어 생소하게 받아들여진다.

이ㅇ철은 사회 환경으로 인한 언어차이에 대해 다음과 같이 분석하였다.

> "저희는 이전에 사투리를 많이 썼는데, 여기서 한국에 와서 사투리를 바꾸려고 엄청 많이 노력을 했어요. 한국에서 보면 얘기를 할 때 영어를 많이 하잖아요. 예를 들어서 말할 때 '스트레스를 받는다.'라고 하잖아요. 우리가 중국에서 얘기를 할 때면 조선말을 하면서 중국어를 많이 써요. 그런 차이가 있어요."26)

한 민족으로 표면적 소통이 가능하다해도 한국어 발음이나 억양, 어휘와 어감의 차이는 섬세한 정서적 교류에 걸림돌이 될 수 있는 것이다. 자주 쓰는 단어라 하더라도 생활방식과 가치관에 따라 다른 동의어로 사용되고 있듯이, 다른 사회적 배경에서 조선어와 한국어는 이질성을 고스란히 나타나고 있다. 조선족은 우리말을 구사할 줄 알지만, 불완전한 언어적 소통으로 이들의 사회적 적응에 큰 영향을 받게 된다. 언어에 묻어나는 삶의 문화적 차이는 스스로를 주변인으로 만들고 우리사회에서 타자화된 정체성을 변형시킨다고 볼 수 있다.

---

26) 이ㅇ철 구술/ 저자 녹취, 2014년 1월 3일.

언어와 마찬가지로 전통적 세시풍속은 민족정체성과 관련하여 중요한 의미를 담고 있다. 조선족은 중국에서 집성촌을 중심으로 이전 고향의 미풍양속을 이어왔다. 김○숙은 어린 시절 농경생활과 관련하여 마을공동체의 협동작업을 다음과 같이 기억하고 있다.

> "가을이나 모심기 때 바쁘잖아요. 서로 해줘요. 우리 집에 와서 모심으면 빨리 끝나고, 다음 날 앞집에 내일 같이 또 하잖아요. 우리가 내일 그 집에 가서 도와주어요. 어느 날 누구 집, 어느 날 누구 집이라고 정해서 일도하고 찬도 같이 먹고 그 집에서 식사하고 그랬지요."27)

실제로 중국과 한국의 세시일은 태음력에 뿌리를 두고 농경문화와 궤를 같이하기에 거의 동일하게 행사되어왔다. 따라서 조선족은 새로이 살게 된 그 곳에서 큰 변화 없이 오랜 관습을 유지할 수 있었다. 물론 중국의 자연생태적 환경이나 사회문화적 배경이 민속행사의 진행과 특정한 명절음식에 영향을 미쳐 내용면에서 적지 않은 변화를 겪었고 타민족의 풍속이 접목되기도 했다.

량○호는 한국과 중국 간 풍속의 혼용화에 다음과 같이 설명한다.

> "민족적성에 맞는 명절과 예절, 그런 부분은 쭉 지켜나가고 있어요. 한족과 관련된 것은 사실 우리가 중국에 살기 때문에, 그것은 나라의 명절이고. 그것은 딱히 한족만의 명절이 아니기 때문에 자연스럽게 다 함께 지키는 것 같아요."28)

문화변동을 경험하면서도 설날(춘절), 정월대보름, 청명, 단오, 추석,

---

27) 김○숙, 구술/ 저자 녹취, 2014년 3월 19일.
28) 량○호, 구술/ 저자 녹취, 2014년 4월 9일.

동지를 중심으로 비교적 온전하게 지키며 민족응집력을 보여 왔다. 또한 조선족자치주는 민족의 전통적인 미덕을 토대로 새로운 명절 '노인절'을 제정하고 민족문화를 계승, 발전시키는 모습을 보이기도 했다. 세시풍속이 고정불변한 문화는 아니듯이 현재 산업화와 도시화로 농경관습에 의하여 유지되던 전통놀이와 그 사회적 기능은 많이 상실되어가고 있다.

국내에 체류하며 조선족은 명절을 맞이하지만 자신들의 노동시간과 맞지 않기 때문에 명절 의미를 크게 찾지 못한다. 이들은 사업장 내 고단한 라이프스타일로 인하여 명절을 누리지 못하고 있다. 특별한 명절인 춘절을 맞아서 2주간의 휴일을 얻어 중국에 돌아가 가족을 만나고 오는 경우가 있기는 하다. 그러나 통상 국내에 남아 외로움과 향수를 달래고자 조선족 친구들끼리 함께 어울려 집을 방문하여 명절음식을 해먹거나 음주를 즐긴다. 휴가삼아서 피로한 육체를 쉬기도 하고, 전화나 인터넷을 통해 중국에 남아있는 가족이나 친지와 연락하며 소일하기도 한다. 조선족은 사회주변부에 머물며 동족으로서 귀속감을 느끼지 못한 채 전통관습의 맥락적 의미보다는 여가로서 명절을 보내고 있다.

조선족은 산업화가 진행되고 현대사회의 생활리듬에 따라 제례관행에서 일부 상징적인 전통형식만을 잔존시키고 있다. 특히 조상숭배의 풍속이 축소되어 벌초나 성묘를 통한 추모행사로 변화를 초래하였고 일가친인척이 모여 앉아 담소하는 것으로 보편화되었다.[29] 국내로 이주하며 조선족은 고유문화가 크게 다르지 않을 것이라 생각하지만, 가정의례에서 문화적 차이를 느끼면서 갈등하게 된다. 한 예로, 국내로 이주한 조선족 결혼여성의 경우 시집성원들에 대한 며느리의 예속적인 봉사관

---

29) 강○남은 추석과 관련하여 구술하길, "추석 때는 중국이 한창 바쁠 시기예요. 그때는 산소에 가서 벌초나 하고 술이나 한잔 따라주고 가족들과 함께 먹고 헤어져요."; 저자 녹취, 2014년 3월 12일.

조선족 회갑연 1	조선족 회갑연 2
(kbs 다큐3일, 대림동 중국동포거리)	(kbs 다큐3일, 대림동 중국동포거리)

계가 상존하여 집안행사를 소화하기 힘들다고 언급한다. 특히 유교적 가부장적 위계질서와 남존여비의식이 강조되고 까다로운 형식과 엄격한 제례절차가 너무 어렵다고 한다.[30] 또한 번거로운 전통제사 상차림에서부터 제사를 밤늦게 진행하고 망자와 음복하며 제사음식을 함께 나누는 풍속은 조선족에게 매우 낯선 행위로 이질감을 느끼는 요소로 볼 수 있다.

한국의 민속 문화에서 전통적인 상차림은 중요한 의미를 차지한다. 조선족은 중국에서도 민족전통의 식관습을 지속적으로 유지하여왔다. 기본적으로 밥과 김치 이외에 장국이나 밑반찬을 밥상에 올렸다. 물론 조선족의 식생활은 한국인의 그것과 똑같지는 않다. 조선족 음식은 중국 내 한족을 포함하여 소수민족의 음식문화와 자연스럽게 교류가 이루어져서 풍부하고 다양하게 혼합되었다. 식재료나 양념, 간, 조리법 등이 우리고유의 그것과 분명히 차이를 두고 있다. 국내에서 이들은 중국식 식관습을 주거환경에 이식하면서 이중적 정체성의 생활문화를 보이고 있다. 이들은 음식을 조리하더라도 중국식으로 음식을 볶거나 튀겨먹기

---

30) 허휘훈, 「중국 조선족 풍속과 한국인 풍속의 상이성 및 그 력사 문화적 원인에 대한 연구」, 『강원민속학』, Vol.19, 2005, 580~581쪽.

조선족 꽈배기튀김가게

양꼬치구이

도 하고, 기름기를 많이 넣은 국 종류를 즐겨왔고 우리와 다른 향신료를
사용하기도 한다. 조선족의 식문화는 혼합된 양식의 혼성화를 확인할
수 있는 것이다. 따라서 조선족은 국내로 들어와서도 중국에서 즐겨왔
던 음식을 잊지 못하고 중국인 식료품가게를 주말마다 방문하고 식재료
를 구입하기도 한다. 반면에 많은 이들이 연변으로 돌아가서는 우리식
찌개나 장국과 같은 먹거리를 또한 찾아 즐기기도 한다. 조선족의 식생
활은 국가 간 경계 없이 혼합된 형태를 발전시켰고 이중적 복합양식으
로[31] 단일문화성의 개념을 벗어나 있다.

　장○진은 환경에 따른 조선족의 음식습관에 대해 진술했다.

　　"중국음식도 좋아하는 분이 많으세요. 집에서 고기도 볶아먹고 김치나
　된장찌개도 빠져 본 적이 없고요. 문화가 혼합된 게 많아요. 저희는 도시
　에 있어서 한국식도 쉽게 살 수 있어요. 다 같이 먹어요. 어려서부터 한
　국음식과 중국식도 계속 접촉해서 한국에 와서도 입맛이 안 맞는 그런 적
　은 없었어요. 중국음식이 생각나면 대림동 같은 데 가서 먹기도 하고 그
　래요."[32]

---

31) 임성숙, 「한국 내 조선족 노동자의 민족정체성 재형성과정」, 한양대학교 석
　　사학위논문, 2004, 51~52쪽.

3) 혈연과 종족성

민족이란 혈연을 기반으로 하여 결합한 인간의 문화공동체로 볼 수 있다. 조국 한반도를 떠나 중국으로 이주해 온 코리안은 타민족에 비교하여 혈연의 순수성을 지키면서 고유의 전통문화와 민족적 귀속감을 유지하고자 했다. 소수민족으로서 조선족은 한족과 관계에서 국민정체성을 고민하면서도 민족적 자존심을 견고히 지키려는 종족정체성을 보여 왔다. 최근조사에 따르면 오늘날 동북3성 조선족의 순혈주의적 관념이 주는 변화를 보이고 있다. 과거 단일민족국가라는 상징성이 쇠퇴하고 한족과의 혼인 비율이 늘고 있음을 확인할 수 있다. 현재 연변조선족자치주에서 조선족의 비율은 점점 낮아지고 있는 추세이다. 인구비율에서 1953년 68%에서 2007년 37%로 31%가 줄어든 통계수치를 보인다.[33]

과거 60, 70년대까지만 해도 조선족 마을에서는 다른 민족구성원과의 혼인이 쉽지 않았다. 당사자들이 결혼을 주장해도 부모나 영향력 있는 마을연장자들이 반대할 경우 타민족 출신의 예비신랑이나 신부들이 혼인을 허락받기 힘들었다고 한다. 만약 다른 소수민족 출신이 조선족과 혼인할 경우에 우리민족의 전통관습을 존중하고 따르도록 했다. 오늘날도 가능하면 생활습관과 전통적인 문화배경을 이유로 들어 조선족 며느리 혹은 사위를 맞이하려는 어르신들의 의향이 유지되고 있음을 구술조사를 통해서 확인할 수 있다.

장○진은 민족통혼에 대한 경험을 전해주었다.

---

32) 장○진, 구술/ 저자 녹취, 2014년 1월 16일.

33) 권향숙, 「조선족의 일본 이주와 에스닉 커뮤니티: 초국가화와 주변의 심화사이의 실천」, 『역사문화연구』 44집, 2012, 4쪽.

연변 자치주 결혼식   결혼식 폭죽놀이

"나이 드신 분들은 반대를 많이 했지요. 친구들 중에도 반대를 해서 여
자 친구와 헤어지고 하는 친구도 있었어요. 무조건 안 된다고 했지요. 요
즘은 크게 괜찮아요. 아직까지도 크게 꺼려하신 분들도 계시고요. 저희
부모님은 받아들이는 편이예요. 지금 제 여자 친구도 한족이예요."[34]

중국 조선족은 민족통혼비율이 상대적으로 낮은 것으로 알려져 있지
만 2004년 기록에 의하면 8.44%의 조선족이 다른 민족인 한족(7.59%),
만족(0.58%) 및 몽고족(0.08%)과 결혼하였다고 보고되고 있다.[35] 비율상
크지 않은 숫자로 볼 수 있으나, 200만 명에 이르는 조선족 규모로 보았
을 때는 큰 규모임을 알 수 있다. 2006~2010년 사이 길림성 연길시민정
국 혼인등록처 기록에 의하면 1,834쌍의 민족통혼 중 남녀비율이 조선
족 남성의 민족통혼이 67.83%, 여성의 민족통혼이 32.17%로 남성이 여
성들보다 2배 이상 많음을 알 수 있다. 어떤 조선족 농촌마을은 총각과
처녀의 비율이 24:1로 기록되었듯이, 오늘날 조선족 자치주 구성원 중
여성비율이 급속도로 줄고 있다.[36] 젊은 여성들이 일자리를 찾아 타 도

---

34) 장○진 구술/ 저자 녹취, 2014년 1월 16일.
35) 강해순, 「중국 조선족 민족통혼 연구」, 『가족법연구』 26권 2호, 2012, 266쪽.
36) 위의 글, 268쪽.

시로 가거나 더 나아가서는 한국 등으로 국외로 이주함에 따라 조선족 남성들이 동족 출신이 아닌 여성을 아내로 선택하게 되어서, 타민족과의 통혼이 자연스럽게 늘고 있다고 보고 있다. 소수민족에 대해서 차별하지 않는 중국 내 사회분위기, 그리고 민족학교가 사라지는 가운데 어려서부터 한족친구들과 학교를 다녔고 직장생활을 함께 하는 조선족 후세대가 늘면서 민족 간 통혼을 이루는 데 장애가 점차 없어졌다고 볼 수 있다.

허○봉은 조선족의 변화된 결혼관에 대해 구체적인 이유를 들었다.

> "10년 전 저희 누나가 한족과 결혼했는데, 그 때는 반대가 심했어요. 당시엔 저희 부모님은 조선족을 지켜야 한다고 생각했어요. (…) 저의 여자 친구도 한족이거든요. 그것을 집에 애기하니깐 이전같이 그런 건 없었어요. 조선족들은 애매한 것 같아요. 중국에서 조선족은 한국 사람이라고 생각하고, 한국에서는 조선족은 중국 사람이라고 생각하고. 역할이 애매한 것 같아요. 중국에서 생활할 거면, 한족이랑 결혼해서 아예 2세들은 명확히 한족이 되고, 한국에선 한국인이랑 할 수 있으니깐, 누나 때보다는 심한 반대를 안 하고 있어요. 또 누나도 지금 잘 살고 있고요."[37]

조선족이 보편적으로 중국어를 구사하고 민족 간 문화차이가 점차 사라지는 사회적 변화도 영향을 미치고 있다고 할 수 있다. 따라서 조선족이 중국의 한족에 흡수, 동화될 것이라는 위기의식을 언급하기도 한다. 1952년 연변조선족자치구를 성립할 당시와 오늘날의 조선족 인구비례를 들면서 2030년대에 가서는 연변조선족 인구비례는 20%정도밖에 되지 않을 전망을 내놓으며 우려를 표하기도 한다.[38]

37) 허○봉, 구술/ 저자 녹취, 2013년 12월 27일.
38) 박선영, 「중화인민공화국 동북지역에 거주하는 조선족의 역사적 정체성」, 『고구려연구』 29집, 2007, 498쪽.

재중조선족은 중국사회의 주류민족인 한족과도 비교하여도 주눅이 들지 않고 나름대로 민족성에 자긍심을 보여 왔다. 조선족은 낭만주의 적 민족개념에 의거하여 같은 핏줄의 민족구성원으로서 동포와의 유대 감을 막연히 기대하고 한국행을 선택하였다. 그러나 조선족 이민자는 한국입국 후 동등한 사회일원으로 받아들여지기 보다는 이주노동자로 여기고 차별과 멸시를 받게 된 것이다.[39] 자신들이 민족의 범주를 벗어 난 외국인노동자로 획일적으로 분류되고 마치 불법 체류자나 취약 계층 으로 규정되면서 반감을 넘어 깊은 상실감을 경험한다.[40] 조선족은 다 른 외국인노동자보다 상대적으로 높은 임금을 받지만, 한국인의 입장에 서 보면 조선족이 같은 민족이기는 해도 법적으로는 가난한 나라에서 온 외국인노동자일 뿐이다. 또한 '조선족'이란 민족호칭이 중국에서는 한족에 비해 우월한 종족이라는 자긍심의 표현이었으나, 국내에서는 이 단어가 부정적인 정서를 상당부분 나타내고 있다. 그리고 재중동포는 한국사회에서 디아스포라의 다른 지역인 미주 및 일본과 비교하여 격하 된 동포지위를 갖는 것이다. 한국에 머무르며 한국인과의 관계 속에서 마주한 편견과 편향적 시각은 큰 환멸감으로 다가오고 중국에서 지켜왔 던 민족적 자부심과 조국의식에 대한 의미는 사라진다.

한경욱은 '환멸적 민족성'으로 표현하는 바, 조선족이 한국에서 차별 과 갈등을 겪으며 한국인과 동족이 아님을 깨닫는 것으로 정리한다. 이

---

39) 유명기, 「민족과 국민 사이에서: 한국 체류 조선족들의 정체성 인식에 관하여」, 『한국문화인류학』 35-1, 2002, 83쪽.

40) 동ㅇ용은 사회에서 느낀 선입견에 대한 반응에 대해 언급하였다. "가끔씩은 나라나 민족이라는 것을 티내기 싫어요. 한국 사람과 교류할 때면 한국 사람인 것처럼 하는데, 가끔 '조선족이냐'고 물어봐요. 그땐 맞는다고 하긴 해요. 근데 알면서 물어보는 것이 싫더라고요. 대림동 쪽에 가면 그전에 노동하시는 분들 때문에 문제를 일으켜서 그런지 선입견이 있었나 봐요. 그래서 처음에 그런 게 느껴지다가 살다보면 너는 틀리네 하고 듣기도 해요. 아마 이미지 때문에 그런 것 같아요."; 저자 녹취, 2014년 1월 15일.

는 자민족에 대한 환멸적 민족성, 환상이 깨짐으로써 민족성이 새로 만들어지는 것을 뜻한다. 여기에서 환멸의 대상이 다름이 아닌 '자민족'에 있는 것이 큰 특징이다.[41] 조선족은 자신이 태어나지 않았던 한국을 더이상 조국이라는 낭만적인 관점에서 바라보지 않게 된다. 언어소통의 장애와 한국인의 심한 배타성이 자신을 객관화시키게 하고 새로운 관점으로 자신이 처한 현실을 재인식하게 된다. 국내에서 느낀 조선족의 위상에 대한 인식이 한국인과 구별된 조선족만의 종족정체성을 정립하도록 이끄는 것이다.[42]

국내에서 조선족은 고달픈 일상에서 언어폭력, 천시, 차별 등을 겪게 된다. 작업장에선 고용주와의 불편한 관계로 인해 과거 생활하였던 사회주의체제 내 평등한 인간관계를 기대하기 힘들다.[43] 소규모 작업장 및 3D업종의 열악한 노동환경, 임금체불과 퇴직금문제, 국내 노동자들이 꺼려하고 일손이 모자라는 허드렛일에 매달려야 하는 노동현실은 조선족의 타자화를 더욱 부추기게 된다. 사회적 편견에 대해 최○의는 자신의 경험담을 들려주었다.

> "여기서 일하고 있는 조선족 분들은 항상 무시를 당했고 항상 사회 아래층에서 살았으니깐 마음이 불편하죠. 아무리 동포라고 해도 너그럽게 받아들일 수 없는 입장인거 같아요. 돈이 있어야 남들을 도와주는 데 살기도 바쁜데. 동포들한테 여유가 없는 것 같아요. 식당에서 밥을 먹는데,

---

41) 임성숙, 「한국 내 조선족 노동자의 민족정체성 재형성과정」, 한양대학교 석사학위논문, 2004, 75쪽(재인용).

42) 이현정, 「조선족의 종족 정체성 형성 과정에 관한 연구」, 『비교문화연구』 7집 2호, 2011, 92~93쪽.

43) 오○화는 언급하길, "오기 전에는 한국이 진짜 잘 살고, 살기 편한 나라다. 부자나라, 나도 돈 벌 수 있다 그랬지요. 근데 살다보니 여기서는 계속 일하면서 살아야 되는구나. 중국에서는 놀면서 해도 되는데 여기서 일 안하면 안 된다 그렇게 느꼈지요. 그런 압박감을 느꼈어요." ; 저자 녹취, 2014년 1월 13일.

뒤에서 '짱깨'라고 하는 거예요. 조선족하면 하층직업 갖고 일해서 깔보는
데, 조선족이 다 그런 것도 아닌데, 조선족이면 같은 민족인데도 불구하
고 '짱깨'라고 하는데 너무 기분이 나빴어요."[44]

조선족은 같은 핏줄을 타고났음에도 동일한 종족성을 확인하기보다
는 일종의 배신감을 느끼게 된다.[45] 따라서 이들은 일상의 도처에서 자
본주의 생활환경이 낯선 중국인노동자로서 타자의 정체성을 확인하게
되는 것이다. 다른 국가체제, 두 이질적인 문화시스템은 조선족 스스로
를 동족 개념에서 벗어나 경계영역에 놓인 타자로서 인식하도록 만들었
던 것이다.

양ㅇ호는 상처받은 주변 친구들의 이야기를 언급하였다.

"조선족 친구들은 많이 순수한 친구들이 많아요. 앞에서 얘기와 뒤에
서가 다르기에 아무 속셈 없이 대했는데, 도리어 계속 당한 거예요. 사람
들이 왜 그러지. 너무 상처받고 하니깐 힘들게 되요. 인간관계에서 많이
힘든 것 같습니다. 한국은 사회적으로 사실 좋지요. 편하고 먹고살기 너
무 좋지요. 그런데 사람과 사람 관계에서 힘들어요."[46]

3. 사회 내 조선족의 고정관념과 타자 인식에 대한 비판

한국사회는 조선족이 우리와 다르다는 이유로 사회의 도덕적 규범을
쉽게 일탈할 것이라는 선입견을 갖고 있다. 조선족에 대한 자세한 정보

---

44) 최ㅇ의 구술/ 저자 녹취, 2014년 1월 7일.
45) 이정은, 「재중동포 사회의 차이와 소통의 문화정치: 한국 내 조선족 커뮤니티
    의 구성과 교류」, 『민주주의와 인권』, 11권 제3호, 2011, 214쪽.
46) 량ㅇ호, 구술/ 저자 녹취, 2014년 4월 9일.

를 얻지 못한 채 여러 매체가 전해주는 속성들을 종합해서 이들을 쉽게 범주화시켰다. 조선족그룹에 속하는 개인들이 모두 일괄적인 특성을 지닌 것처럼 사회적 편견을 조성하였다. 개인차를 무시한 채 전체 조선족 구성원을 동일화하고 부정적인 선입견을 만들어온 것이다. 일부 언론은 조선족과 관련하여 일부지역에서 보이는 무질서한 행태와 사회 관념을 벗어난 일부 일탈적 행위를 지적하면서 전체 조선족을 향해 차가운 시선을 보내며 고정관념을 형성하는 데 일조했었다.

한 시사주간지는 '황해 건너온 킬러'라는 제목의 기사를 실은 바 있는데, 조선족에 대한 차별적 인식과 관련한 내용을 싣고 있다.

"연말연시 온 국민을 깜짝 놀라게 한 잔혹 범죄가 유독 많았다. 특히 중국동가 범인인 살인사건이 2014년 12월부터 올해 초순까지 3건이나 잇따랐다. 지난해 12월 29일 경기 김포의 한 인도에서 조선족 김 모 씨가 탈북자 이 모 씨를 흉기로 찔러 살해했다. (…) '경기 수원 팔달산 토막살해 사건'의 범인 박춘봉은 지난해 12월 29일 경찰에 검거됐다. 조선족 박씨는 (…) 동거녀 김 모 씨를 목 졸라 살해한 후 시신을 잔혹하게 훼손해 팔달산 등 5곳에 버렸다. 2012년 4월 있었던 '오원춘 사건'의 재판(再版)이었다. 최근 발생한 이들 살인 사건의 공통점은 피해자가 모두 동거녀이고 경제적 이유 등으로 그들에게 받은 모욕감이 살인 동기가 됐다는 것. 경찰은 이 사건의 범인들에게 사람 목숨을 별로 중요하게 생각지 않는 특성이 있다고 분석했다. 영화 '황해'가 현실이 된다. 이 때문일까. 지난 한 해 조선족에 의한 청부살인도 잇따랐다. 언론은 2010년 개봉한 영화 '황해'의 조선족 청부살인이 현실화 됐다며 집중 보도했다. '황해'는 청부살인을 업으로 삼고 있는 조선족 폭력조직에 대한 이야기다. 실제 지난해 3월 30일 K 건설업체 사장 A 씨는 흉기로 찔러 살해한 조선족 김 모 씨 사건은 '황해'의 내용과 무척이나 닮아 있다." (주간동아, 2015년 1월 25일)

이 기사는 "외국인 노동자의 고용 차별, 산업재해 보장의 어려움, 정

영화 황해   개그콘서트 코너명: 황해

서적 불안감을 해결할 수 있는 시설과 프로그램이 늘어나야 하는 것"과 "먼저 일반 국민의 의식부터 바뀌어야 한다."고 곽대경 교수의 개선안을 인용하면서 근거 없는 거부감, 혐오감을 갖지 않도록 노력해야 할 것을 제안하였다.

미디어 매체들은 잔혹한 토막살인 사건을 자극적으로 다루면서 그 초점에 조선족이 극단적 흉악한 범죄에 연루되었다는 점을 부각시켰다. '범죄자는 중국동포'라는 짧막한 타이틀이 반복적으로 TV에 보도되면서, 사회에서 선량한 다수의 조선족에 대해 기피와 혐오감을 확산시키는 역할을 했다. 인터넷에는 끔찍한 범죄를 보도한 기사댓글에 조선족 전체를 매도하는 글이 오르기도 한다. 영화 '황해', '공모자들', '신세계'는 조선족이 청부 살해와 장기매매 등에 관련되어있다는 조직폭력배의 이미지를 확대 재생산하기도 했다. KBS 개그콘서트의 한 코너 '황해'는 중국 조선족이 국내로 보이스피싱을 하는 범죄를 풍자해서 웃음을 줬다. 그러나 조선족을 신종 스미싱 사기단의 주체로 상정하여 일반 시청자에게 사기꾼의 이미지를 반복적으로 전달하기도 했다.

그러나 통계에 따르면 2011년 외국인 범죄건수는 27,439건으로 전체 범죄건수의 약 1.5%에 해당한다(경찰청 수사국 수사과, 2012). 같은 해체류 외국인 수는 1,395,077명으로 2010년 우리나라 총인구의 2.9%에 해당한다. 즉 총인구의 2.9%에 해당하는 사람들이 총범죄의 1.5% 정도를 저지른다는 것이다. 통계수치에 따르면 외국인들의 범죄가 특별히 심각해 보이지 않는다. 살인, 강도, 강간, 방화 등 강력범죄의 경우 2011년 총 25,346건 중 외국인이 저지른 범죄 건수는 585건으로 2.3%에 해당하고, 폭력범죄는 약 2%, 절도범죄는 약1.6%에 해당하기 때문에 주요 범죄의 건수를 봐도 역시 외국인의 범죄문제가 항간의 믿음처럼 그렇게 심각하다고 보기는 어렵다.[47) 그리고 형사정책연구원의 연구에 따르면 2011년 기준으로 조선족을 포함한 중국인의 범죄율은 2.92%로 8위를 기록했다. 이에 비해 미국, 캐나다 등 우리가 선진국이라고 생각하는 나라에서 온 외국인의 범죄율이 각각 2위와 3위를 차지해 더 높았던 것으로 조사되었다.[48)

일부 매스컴이 반사회적 행동에 대해 취하는 선정적인 보도양상은 범죄자의 국적만을 강조하여 전체 조선족을 매도하는 분위기를 만들었다. 영화와 TV프로그램은 이들의 부정적인 이미지를 고정화시켜 한국사회 내 나쁜 평판을 확산했다. 주변 한국인들은 자신들의 안전을 위협당할 수 있다고 여기게 되어서 외부로부터의 조선족 유입을 기피하거나 함께 거주하던 지역으로부터 벗어나려는 경향을 보이기도 했다.

이들에 대한 편견은 조선족 이주자들이 지역 사회구성원들과 연대감을 찾지 못하고 자신들의 밀집주거지에 집중하도록 더욱 부추기게 하였다. 한국사회로의 진입을 하지 못한 채 주변적인 위치에만 머무르는 악순환을 만들어 왔다고 볼 수 있다. 조선족에 대한 선입견과 몰이해에 근

---

47) 신동준, 「다문화사회 범죄문제의 사회적 맥락: 외국인 노동자에 대한 차별을 중심으로」, 『형사정책연구』 제23권 4호, 2012, 184~185쪽.
48) 이명자, 「동시대 한국 범죄영화에 재현된 연변/조선족의 로컬리티」, 『영상예술연구』 제24호, 2014, 23쪽.

거한 배타적인 자세는 한 사회 내 분열을 고착화시키는 결과만을 가져
올 수 있을 것이다. 같은 민족구성원이지만 소외되어온 조선족, 이들에
대한 부정적인 정서를 해소하기 위해서 열린 마음으로 조선족의 고유한
정체성과 일상문화에 보다 접근하고 이해하는 자세가 필요할 것이다.

4. 조선족문화의 현대적 변용과 민속학적 연구모색

1) 민족문화의 다양성과 디아스포라 문화창조력의 인식

조선족은 한반도를 떠나 연변지역을 제2의 고향으로 삼아 민족고유
의 전통을 계승 발전시켰다. 이들은 동북3성의 환경에 살면서 그곳의
사회적 조건에 맞게 우리와 상이한 생활문화를 체화하였고 다양한 생활
양식을 만들어왔다. 따라서 국내에 들어온 조선족은 일상 속 이질적 차
이로 인해 한국인과의 관계 속에서 차별적 시각을 경험하였고 타자정체
성을 형성하게 되었다. 이들은 국내에서 작은 연변타운을 만들어 한국
사회에 흡수되지 못하고 한국인과 경계를 짓는 양상을 보였다.

국내에서 느낀 조선족의 소외감은 그동안 우리가 보인 배타적인 민족
의식의 반응으로 볼 수 있다. 우리는 그동안 국가체제 이데올로기에 기
초하여 중국과 극동 주변지역을 공산권의 적대국으로 간주하였고 이들
을 민족공동체의 동포로서 포용하지 못하고 배제한 것에 기원하였다고
볼 수 있다. 조선족은 정주하지 못하고 국경을 넘나들며 사회적으로 완
전한 귀속감을 느끼지 못하여 왔다. 이들은 중국의 공민으로서 국가정
체성을 지녔고 또한 동포로서의 민족정체성을 갖는 경계인의 삶을 살아
왔다. 이러한 이중적 정체성은 생활에서도 교집합적 혼성화된 문화양식

을 지니게 했다. 우리사회는 단일성에 집착하였고 국내 조선족의 다른 이질적 측면이 드러나면서 이들을 수용하기보다는 배척하였다. 이들은 현재 주변부의 공간 안에서 비주류의 아웃사이더로 취급되고 있다. 오늘날 다문화가족도 증가하는 사회적 상황에 맞추어 폭넓고 다양한 문화연구가 모색되어야 한다. 그동안 우리가 집착했던 '익숙한 문화취향'을 떠나서 이들이 지닌 생소하고 낯선 문화를 나란히 공존하도록 해야 할 필요가 있다. 같은 사회에 살고 있는 다양한 코리언 디아스포라의 생활양식을 자문화중심적으로 재단하거나 이방인의 풍습으로 평가절하하지 말아야 된다. 시급한 문제는 이주 조선족을 우리 민족구성원으로 인정하고 받아들이는 관용적 자세를 보여야 하는 것이다.

과거 민속연구는 일제 강점기에 출발한 배경으로 강력한 민족이데올로기와 순수 혈통을 토대로 단일한 고유성을 강조하는 방향으로 나아갔다. 그러나 한민족의 문화는 더 이상 자폐적인 민족주의를 고수하기 어려운 상황을 맞이하고 있으며 독단적인 태도를 벗어나 새로운 담론이 필요할 때이다. 국내 조선족 공동체에 대하여 동화주의적 시선으로 일방적인 기준을 강요하지 말고 연대성을 넓혀서 이들이 만들어온 생활양식을 우리문화의 일부로서 받아들이는 간문화적 역량이 요구된다고 할 수 있다. 조선족이 만주를 중심으로 지역적 조건에 맞게 변화시킨 문화유산을 민족의 다양한 전승력으로 보고 이들의 민속실태를 그 자체로 인정하고 존중해야 한다. 향후 민속연구는 조선족의 다소 생소한 생활문화를 향해 열려있는 자세를 갖추어서 그 삶 속에서 민족공통성을 발견하고 여러 요소들 사이 속에서 보편성을 추출할 필요가 있다. 이를 통해 우리도 그동안 변질되어온 우리의 민속문화를 비판적으로 되돌아 볼 수 있을 것이다. 같은 민족 내부에서도 지역별로 뿌리내린 다양한 민족문화는 문화적 정체성을 생태학적으로 풍부하게 누릴 수 있도록 할 수 있다. 이들의 신선한 생활민속양식이 함께 공존한다고 해서 한민족의 고유한 민속의 본질이 소멸되지는 않을 것이다. 오히려 조선족과 같은 재외 민족구성원들이 중국으로부터 가져온 낯선 생활양식을 받아들이고 교감을 통해서 우리의 새로운 민족문화로 발전시키는 역량이 필요할 것으로 본다.

2) 변화되는 전통성과 민속연구의 새로운 패러다임 구상

조선족을 이해하고자 이주 전 민족문화의 전승모체에 무게를 두고 동질성을 발굴, 복원하려는 시도는 과거를 현재로 불러내는 것으로 그 사이에 변화된 한국인과 조선족의 문화 간극을 좁히기는 어려울 것이다. 코리언 디아스포라의 문제를 논의하기 위해서는 초시간성을 상정하여 관념적인 민족성을 고집할 것이 아니라 현대적 환경에서 어떠한 형태변화와 새로운 의미를 갖추는지 민속실태를 구체적으로 살펴보아야 한다. 그 과정에서 문화변용의 의미를 찾는 것도 중요하지만 이를 넘어서 서로 간 영향을 주고받는 소통의 문화현상을 주목해야하는 것이다. 현재의 시점에서 타 지역의 민족구성원들이 역동적으로 만들어가는 생활문화에 관한 연구로 민속연구의 패러다임을 확장해야 한다.

전후 독일의 상황과 민속학연구는 우리에게 시사하는 바가 있다. 당시 동부와 남부 유럽지역에 대략 1,800만 명 이상의 독일계 주민이 거주하고 있었다. 이들은 과거 독일제국 시절 동부유럽에 정착했던 농민들의 후손이거나, 스탈린에 의해 강제 이주되었거나 혹은 나치정권의 정치적 박해로 피난 와서 정착한 이들이 살고 있었다. 전후 이 지역은 독일영토로 부터 분리되었다. 그곳 독일인 촌락은 주변 타민족계 주민들의 언어와 달리 독일어를 모국어로 사용하였고 게르만의 전통문화를 유지하고 있었다. 독일의 노벨상 문학부분 수상자인 하인리히 뵐과 귄터 그라스는 동방조약이 서명되는 날 나눈 대담에서 "영토의 손실은 감내 해야 한다. 그러나 언어와 문화유산의 손실은 그렇지 않다. 이것들을 지 키고자 무엇이든지 해야만 한다."고 하면서 동부유럽지역의 게르만의 문화유산에 대한 강한 애착을 보였다.[49]

이들 독일인동포의 생활민속과 관련한 연구를 '실향민 민속학'(Volkskunde der Heimatvertriebenen)이라 한다. 바우징거 교수는 국내로 돌아온 실향 민과 이들의 변용된 풍속을 조사한 이후 민속을 바라보는 정적인 시각 을 제거하고, 시간흐름과 사회변동 속에서 끊임없이 변화하는 동적인 대상으로 정립하였다. 민속을 과거지향적 잔존문화라기보다 주변 환경 과의 '소통의 문화행위'로 인식한 것이었다. 그는 오늘날 사회에서 보는 현대적 민속을 전통성의 해체로 보지 않고 민속문화가 공간적, 시간적 그리고 사회적 계층의 변동을 통해 변화된다는 확장이론을 제시하였다. 민족(Volk)은 근대 이전 전통 속에 살고 있는 것만이 아니라, 현대사회 에 살고 있음을 논하였다. 바우징거는 환경이 변함에 따라 전통의 동력 은 변할 수 있으나 사라지지 않는다는 것을 이론화하였다.[50] 이러한 연 구토대는 향후 독일통일의 밑거름이 되었다.

과거 민속연구는 조선족문화를 대상으로 우리 틀의 잣대로 전통적인 고형의 가치를 확인하고 잔존된 유산을 찾고자 하였다. 이제 민속학 영 역의 범주를 보다 확장하여 조선족의 문화적 역동성을 분석할 필요가 있다. 현재 중국 조선족이 산업화와 근대화를 겪으면서 연변지역 취락 지가 민속의 내용면에서 많은 변화를 겪었다. 전래의 향토적 고유관습 이 사라진 자리에 새로이 형성된 연변지역의 민속현상을 포착하는 것이

---

49) Günter Wigelmann[u.a], *Volkskunde*, Berlin 1977, p.35.

50) Hermann Bausinger, *Volkskultur in der technischen Welt*, Stuttgart, 1961.

중요하다고 볼 수 있다. 그리고 국내 이주 후 조선족은 서울 주변부 도시환경에 자신들의 연변타운을 만들었다. 이 새로운 공동체에 대한 연구를 통해 동시대 환경이 변형시킨 민속문화가 무엇인지, 순수도시적인 사회민속은 어떠한 것인지 새롭게 조명할 필요가 있다. 이러한 실증적 연구들은 조선족의 문화적 적층성을 직시하고 민족문화의 다양성을 이해하려는 기틀을 놓는 작업으로 통일미래를 위해 실천적으로 제시할 수 있는 중요한 문화적 자산이 될 것으로 보인다.

5. 맺음말

본 연구는 코리언 디아스포라의 내적 통합문제를 다루면서 국내 이주 조선족의 사례를 통해 중국동포의 이질적인 생활실태를 조사하고 어떻게 새로운 통일문화로 극복해 나아가야할지 살펴보고자 했다. 저자는 국내 조선족을 고찰하면서 이들이 다른 환경에서 어떠한 새로운 문화양식을 형성하여왔고 정체성의 변화를 겪어왔는지 구술을 통해 인식하고자 했다. 구체적으로 국내 조선족이 현재 갖고 있는 민족정체성과 생활문화의 성격을 규명하고자, '고향', '전통', '혈연'의 개념을 집중적으로 살펴보았다.

조선족은 민족구성원이면서 이중 언어구사자이듯이, 중국과 한국이라는 영역을 사이에 두고 이중적인 정체성을 발현하여왔다. 이들은 과거 한족과의 관계에서 국가정체성을 고민하였고, 한국에서는 변화된 사회로 인해 문화접변을 경험하고 종족정체성의 변용을 경험해야 했다. 분단과 전쟁 그리고 냉전의 격동기를 거치면서 분리되어 살아야 했던 조선족, 이들은 한반도를 떠나 만주에 적응하면서 고단한 디아스포라의 삶을 살아왔다. 다시 조국으로 돌아올 수 있는 기회를 갖게 되었으나 방문한 조상의 고향은 낯선 땅이 되었고 낯선 이방인처럼 아픔을 느껴야 했다.

끝으로 조선족 디아스포라에서 보인 상이한 생활문화의 격차에 대해 향후 연구방법을 모색해보고자 했다. 통일미래적 시각에서 조선족과 한국인 관계에서 보인 문화적 이질성의 갈등과 정체성의 문제들을 직시할 필요가 있다. 복수적 장소에 귀속된 조선족의 문화적 차이와 그 실체를 인식하면서 이들의 문화창조력을 인정하고 상호이해의 폭을 넓혀가는 과정이 필요하다고 본다. 통일의 과정으로서 과거 민속원형에 집중하기보다는 현대 환경에서 새로이 변용된 조선족의 복합문화적 성격과 그 실체를 인정하고 풍부한 민족문화의 자산으로 만들기 위한 노력이 요구된다고 할 수 있다.

제2장 국내 거주 고려인, 사할린 한인의 생활문화와 한국인과의 문화갈등

정진아*

1. 머리말

1990년 이전까지 고려인과 사할린 한인[1]은 한국인에게 잊혀진 존재였다. 고려인의 역사는 1863년 조선 후기 상품화폐경제의 발달로 인한 농민층 분해, 관료들의 부정과 부패로 인해 국경을 넘었던 함경도 주민들이 연해주 지신허에 최초의 고려인마을을 세우면서 시작되었다.[2] 일

---

  * 건국대학교 통일인문학연구단 HK교수.

 1) 연해주에 사는 코리언들은 자신들을 '고려사람'으로 인식하지만, 사할린에 거주하는 사람들은 자신들이 '조선사람', 또는 '한인'으로 불리길 원한다. 한국에서는 전 세계에 흩어져 살고 있는 코리언 디아스포라를 '한인'으로 통칭하지만 이 글에서는 이들이 자신을 불러주기를 원하는 방식대로 이들을 명명하고자 한다.

 2) 반병률의 연구에 의하면 고려인의 첫 이주 시기는 1863년이다(반병률, 「러시아

제의 수탈로 증가한 고려인은 1937년 스탈린의 강제이주 정책으로 인해 중앙아시아로 이주하게 되면서 조국과 지리적으로 분리되었다. 또한 1948년 수립된 대한민국이 사회주의 국가와 국교를 단절함에 따라 소련에 살고 있던 고려인은 대한민국과 단절된 채 살아왔다. 한편, 1939년 일제의 국가총동원법이 시행되면서 사할린으로 강제징용 되었던 한인들 역시 1945년 일제의 패망 이후 귀국하지 못한 채 사할린에 남겨지면서 한국과의 관계가 단절되었다.

고려인, 사할린 한인과 한국인이 다시 접촉하기 시작한 것은 1990년 사할린 동포의 모국방문이 시작되면서부터이다. 1990년 모국방문을 시작으로 1992년부터는 사할린 동포의 영주귀국사업이 이루어졌고, 1997년 재외동포재단이 설립되면서 구소련 지역 동포의 국내 유학을 위한 장학사업이 진행되었다. 2000년대부터는 방문 취업 비자가 허용되면서 사할린뿐 아니라 우즈베키스탄과 카자흐스탄 등 중앙아시아 지역과 러시아 서쪽지역(볼고그라드, 로스토프), 러시아 동쪽지역(연해주) 등지에서도 유학과 취업, 사업을 위해 고려인들이 한국으로 입국하였다. 그 인원은 2013년 현재 3만 명에 이르는 것으로 추정된다.[3]

한인사회와 정체성의 변화―러시아 원동 시기(1863~1937)를 중심으로」, 『한국사연구』 제140호, 2008 참조). 그러나 2013년 11월 30일 설립된 '고려인이주 150주년기념사업준비위원회'에서는 러시아 최초의 한인마을 지신허가 러시아 측 문서에 공식적으로 등장한 1864년 9월 21일을 이주 시작 시점으로 삼고 있다(「고려인 이주 150주년 기념사업 준비 박차」, 『연합신문』 2013년 11월 10일자).

3) 법무부 출입국·외국인정책본부의 통계에 의하면 2012년 국내 거주 고려인, 사할린 한인의 수는 합법과 불법체류 포함 29,281명으로 조사되었다. 그중 러시아 국적자는 4,275명, 우즈베키스탄 국적자는 11,859명, 카자흐스탄 국적자는 1,288명이다(법무부 출입국·외국인정책본부, 『2012 출입국·외국인정책통계연보』, 2012, 630~631쪽). 국민권익위원회 김준태 조사관은 2013년 8월 현재 H2와 F4 비자를 받은 고려인 22,000명과 단기방문, 결혼, 유학, 고용허가제 등으로 들어온 고려인을 포함하면 국내 거주 고려인을 약 3만 명으로 추정하

지금까지 고려인, 사할린 한인에 대한 연구는 거주국에서의 문화와 역사, 정치경제 현안에 관한 연구를 중심으로 진행되었다.4) 특히 정치경제 현안, 즉 소련 붕괴 후 고려인의 연해주 재이주 현상 및 사할린 동포의 영주귀국 정책, 연해주 개발에 관한 연구에 집중되었다. 이들 연구는 한국정부가 사할린 한인에 대한 적극적인 영주귀국 조치를 취할 것, 고려인의 정착과 한인네트워크를 바탕으로 러시아와 이 지역 개발에 관한 긴밀한 협력관계를 구축해나갈 것을 촉구하였다.

이처럼 고려인, 사할린 한인에 대한 연구는 확대되고 있지만, 국내 거주 고려인에 대한 연구는 매우 부족한 실정이다. 이는 한국정부의 동포정책의 초점이 국외 거주 동포에 맞추어져 있는데서 기인한다. 한국정부의 동포 정책의 기본목표는 첫째, 거주국 내의 안정적인 생활영위와 존경받는 구성원으로서 성장 지원, 둘째, 한민족으로서의 정체성 유지와 모국과의 유대강화 지원, 셋째, 국가발전에의 재외동포 역량 활용이다.5) 이러한 시각으로 동포 문제에 접근하였기 때문에 연구 또한 거주국 재외동포의 안정적인 정착과 한상네트워크의 구축에 초점이 맞추어졌고, 국내 거주 동포에 대해서는 제대로 된 실태조사도 없는 상황이다. 최근 이에 대한 문제의식을 가지고 국내에 이주한 고려인의 '트랜스로컬 정체성'과 '과문화적 실천'의 특징 또는 사할린 한인의 국내 이주와 정착문제에 주목한 연구가 등장하고 있다.6) 그러나 이들 연구는 고려인

였다. 대한적십자사 발표에 의하면 이중 사할린 영주귀국자수는 2011년 중순 현재 3,908명이다.

4) 정진아, 「연해주·사할린 한인의 삶과 정체성」, 『한민족문화연구』 제38집, 2011, 394~401쪽 참조.

5) 황신용, 「한국의 재외동포 정책분석」, 고려대학교 국제관계학과 석사학위논문, 2005, 70쪽.

6) 강희영, 「한인여성디아스포라의 이주경험과 트랜스로컬 정체성 연구」, 한양대학교 사회학과 박사학위논문, 2012; 신현준, 「포스트소비에트 공간에서 재

의 정체성과 과국적 행위, 사할린 한인에 대한 이주정책에 초점을 맞추었기 때문에 고려인, 사할린 한인이 한국사회의 구성원으로서 살아가면서 겪는 문화갈등 양상을 충분히 파악할 수 없었다.

고려인, 사할린 한인이 한국인과 접촉한 지 20여 년이 흐른 지금, 고려인과 한국인은 어떻게 만나고 있을까? 한국인과 이들이 공존하기 위해서는 무엇이 필요할까? 본 연구는 재한고려인의 생활문화를 조사하여 고려인 생활문화의 특징을 도출하는 한편, 한국인의 문화 접촉 과정에서 발생하는 갈등 요인을 분석하고, 한국인과 고려인의 문화공존 가능성을 모색하는 것을 목표로 한다.

이를 위해 2절에서는 고려인, 사할린 한인의 생활습관과 생활의식을 함께 검토함으로써 고려인, 사할린 한인 생활문화의 구체적인 모습을 드러낼 것이다. 다음으로 3절에서는 고려인, 사할린 한인의 생활문화에서 드러난 한국인 생활문화와의 차이점을 바탕으로 고려인, 사할린 한인과 한국인의 문화접촉 과정에서 발생하는 갈등 양상을 분석할 것이다. 마지막으로 4절에서는 고려인, 사할린 한인과 한국인의 문화 공존 가능성을 탐색해보는 가운데 유의미한 정책제언을 도출해보고자 한다.

이 연구는 2014년 1월부터 5월까지 눈덩이 표집법을 이용하여 고려인 10인, 사할린 한인 3명과 한국인 전문가 1명을 심층인터뷰한 결과를 토대로 하고 있으며, 한국인의 시각에서 고려인, 사할린 한인을 관찰하는 방식에서 벗어나 그들 자신의 목소리를 드러내는데 주력하고자 하였다. 또한 고려인과 사할린 한인 일방의 변화가 아닌 상호 이해와 변화를 통

한고려인들의 월경 이동과 과문화적 실천들」, 『귀환 혹은 순환─아주 특별하고 불평등한 동포들』, 그린비, 2013; 배수한, 「영주귀국 사할린 동포의 거주실태와 개선방향: 부산 정관 신도시 이주자 대상으로」, 『국제정치연구』 제13집 2호, 2010; 김인성, 「사할린 한인의 한국으로의 재이주와 정착분석: 제도 및 운용실태를 중심으로」, 『재외한인연구』 제24호.

<표 1> 구술자 기본사항

	이름(가명)	생년/나이	국적	이주전 거주지	학력	이주전 직업	직업
1	김아나톨리(가)	1962/53	우즈베키스탄	호레즘	고졸	건설업, 자영업	노동자
2	강예나(가)	1963/52	우즈베키스탄	타슈켄트	고졸	대학직원,자영업	노동자
3	송안드레이(가)	1986/29	우즈베키스탄	타슈켄트	대졸	엔지니어	노동자
4	유잔나	1986/29	우즈베키스탄	-	고졸	-	회사원
5	고밀라	1987/28	러시아	볼고그라드	대학원졸	학생	회사원
6	이진실	1986/29	러시아	사할린	대학원졸	학생	프리렌서
7	김니카	1988/27	러시아	우스리스크	대졸	학생	대학원생
8	박류드밀라	1985/30	러시아	로스토프	대학원졸	은행원	대학원생
9	황옥사나	1992/23	러시아	블라디보스톡	대졸	학생	대학생
10	이금자	1932/83	한국	사할린	초졸	재단사	무직
11	박타티아나	1989/26	러시아	로스토프	대졸	학생	여행사직원
12	김루드밀라	1966/49	러시아	나홋카	대졸	자영업	노동자
13	김승력	1968/47	한국	서울	대졸	-	야학 대표
14	이태엽	1936/79	한국, 러시아	사할린	대졸	사무원	무직

한 공존의 가능성을 모색해보고자 하였다.

고려인, 사할린 한인과 한국인의 문화갈등 요인을 파악하고 공존의 가능성을 모색하는 작업을 통해 우리는 코리언 생활문화의 통합 가능성을 타진해볼 수 있을 것이다. 이는 단지 한국인과 코리언 디아스포라의 문화적 통합문제에 그치지 않고, 남북 주민의 사람의 통일, 사회문화적 통합의 문제를 고민하고 있는 우리에게 중요한 단서를 제공할 것이다. 코리언 디아스포라는 한반도 주민과 식민과 분단의 상처를 공유하는 존재로서 만일 체제와 문화를 달리해서 살아온 이들과의 갈등을 극복하고, 생활문화의 공존을 이루어낼 수 있다면 우리는 이 경험을 바탕으로 미래 통일 한반도의 생활문화 통합을 설계해나갈 수 있을 것이기 때문이다.

2. 국내 거주 고려인, 사할린 한인의 생활문화

1) 생활습관: 언어, 의식주 및 세시풍속

(1) 언어

고려인과 사할린 한인은 1960년대 이후 소련의 동화정책을 거치면서 민족어를 거의 상실하였다.[7] 사할린 영주귀국사업으로 한국에 들어온 사할린 한인 이금자, 이태엽 씨를 제외한 고려인, 사할린 한인은 한국에 입국해서 본격적으로 한국어를 배웠다. 인터뷰에 응한 고려인과 사할린 한인의 직업은 크게 노동자와 유학생 또는 유학생활을 거친 프리랜서와 회사원으로 대별되는데 양자는 언어생활에서 큰 차이를 보이고 있었다. 노동자들은 3D업종의 특성상 하루일과의 대종을 점하는 노동과정에서 언어구사를 할 기회를 거의 갖지 못하는 것으로 드러났다.

> 엔지니어라서 말 많이 안 해요. 우리는 2명이서 일하는데 조립하는 데
> 에만 집중해야 돼요. 그래서 말 많이 못해요… 박스공장에서 일할 때는
> 한국말을 못해서 욕들은 거 있어요. 시킨 일을 다르게 해서… 한국사람들
> 말 빨리 빨리 하는데 저는 못 알아들어요.[8]

> 프레스일 위험한 일이에요. 잠깐 딴 생각하면 손가락 잘려요. 그래서

---

7) 정진아, 「코리언의 민족어 현실과 통합의 미래-중심과 주변의 위계를 넘어」, 『겨레어문학』 제51집, 2013, 563~565쪽. 1960년대 전반까지 장려되었던 민족교육과 민족문화 창달사업은 브레즈네프정권이 등장한 1964년부터 중지되었다. 이후 민족어는 공통어인 러시아어로 대체되었고, 소수민족의 문화적 다양성은 부정되었다. 그때까지 존속되었던 조선학교들도 모두 문을 닫았고, 고려인은 급속히 민족어를 상실해갔다.

8) 송안드레이(가명) 인터뷰, 2014년 1월 25일, 경기도 안산시 단원구 선부2동 고려인 한글야학 '너머'.

(일할 때는) 거의 말 안해요.9)

반면, 회사원이나 유학생은 주요 업무가 언어구사를 통해 이루어지므로 처음에는 언어구사에 어려움을 겪지만 시간이 지날수록 언어문제를 극복해가고 있었다.

> 회사 들어갔는데 러시아 사람 하나도 없었어요. 한국인, 중국인, 저 이렇게 있었는데 사무직이다 보니 서로 말도 해야 했고 한국어 빨리 배워야 했어요. 그리고 나만 못하니까 기분도 나쁘고 그래서 계속 사람들한테 물어보고 하면서 배웠어요.10)

> 1년 정도 언어 연수를 하면서 기본적인 의사소통은 할 수 있었어요. 대학원에 진학하면서부터는 수업 듣고, 레포트 쓰고, 발표하고 해야 하니까 (한국어가) 안 늘 수가 없죠.11)

회사원과 유학생들은 한국생활의 시작과 끝이 모두 언어와 관련된 일이다. 한국어로 업무를 처리하거나 한국어로 수업을 듣고 토론하며, 한국어로 리포트를 작성하고 시험을 친다. 처음에는 한국어에 익숙하지 않았던 사람들도 시간이 지나면서 자연스럽게 한국어 구사능력이 향상된다. 그리고 그것은 이들이 한국생활의 어려움을 극복해나갈 수 있는 강력한 문화자본이 된다.

---

9) 김루드밀라 인터뷰, 2014년 4월 9일, 서울시 중구 광희동 1가 103-1번지 카페 Rice Story. 김루드밀라 씨는 12년 전에 한국에 입국했지만 입국년수에 비해서 한국어 구사가 서툴다는 느낌을 받았다. 그것은 그녀가 가진 직업의 특성과 무관하지 않은 것 같다.

10) 유잔나 인터뷰, 2014년 1월 25일, 경기도 안산시 단원구 선부2동 고려인 한글 야학 '너머'.

11) 박류드밀라 인터뷰, 2014년 3월 24일, 건국대학교 문과대 연구동 209호 정진아교수 연구실.

반면, 안산에서 만난 노동자들은 대부분 언어소통에 어려움을 겪고 있었다. 주로 3D업종에 종사하는 노동자들인 이들은 위험하거나 고된 업무로 인해 일상생활에서 동료들과 대화할 시간이 없다. 그리고 밤 8~9시가 되어야 귀가하기 때문에 평일에는 다른 사람들과 사교를 하거나 언어교육을 받을 시간도 없다. 주말에는 밀린 잠을 보충하느라 외부활동을 거의 하지 않는다. 이러한 이들의 생활방식은 한국어 습득을 더욱 어렵게 하고 있었다.

고려인 한글야학 '너머'의 김승력 대표는 고려인들이 한국생활을 개선해나가기 위해서는 언어 문제 해결이 필수적이지만, 고려인의 실정에 맞는 한국어 교육기관이 부재한 실정이라고 지적하였다. 다문화정책의 일환으로 세워진 한국어 교육기관들이 다수 있지만, 이 기관에서는 결혼이주자를 대상으로 한 주간교육만 이루어지고 있다는 것이다. 다문화센터에 밤늦게 퇴근하는 고려인을 위해 야간에 공간을 대여해줄 것을

〈사진 1〉 고려인 한글야학 풍경

요청했지만 거절당했고, 그것이 그가 고려인 한글야학 '너머'를 설립하게 된 이유였다.[12]

(2) 의식주

의생활은 한국에 와서 가장 크게 변모한 생활문화 중의 하나이다. 러시아 복식문화의 영향을 받아 고려인, 사할린 한인 여성들은 주로 상체가 드러나는 옷을 입고, 높은 하이힐을 즐겨 신으며, 화려한 악세서리를 즐긴다. 그러나 한국에 와서 상체 노출에 대한 부정적인 시선, 3D업종의 노동자 혹은 유학생의 화려한 악세서리를 못마땅해 하는 한국인들의 지적을 받으면서 이들은 패션은 수수한 차림으로 변모해가고 있다.

고려인, 사할린 한인에게 한민족의 생활문화가 가장 많이 남아있는 곳은 식생활이다. 필자는 고려인과 사할린 한인의 식생활을 살펴보기 위해 인터뷰 전후에 이들과 식사시간을 가졌다.

〈사진 2〉는 김아나톨리 씨와 강예나 씨 부부가 직접 오븐에 구워서

〈사진 2〉 쌈싸

---

12) 김승력 인터뷰, 2014년 4월 23일, 경기도 안산시 단원구 선부2동 고려인 한글 야학 '너머'.

〈사진 3〉 이금자 씨가 차려준 밥상

내어준 간식 '쌈싸'이다. '쌈싸'는 밀가루 피에 양파, 다진 고기, 기름, 향신료가 들어간 고기빵으로서 우즈베키스탄인들이 주로 먹는 음식이다. 〈사진 3〉은 사할린 영주귀국자 이금자 씨가 차려준 밥상이다. 밥상에는 갈비찜과 메밀묵, 김치, 빵과 러시아식 샐러드, 훈제연어가 함께 차려졌다. 한식인 갈비찜과 메밀묵, 김치와 오븐에 직접 구워 만든 러시아식 식빵, 샐러드, 훈제연어가 공존하는 밥상이었다. 밥과 반찬은 앞접시에 각자 덜어먹도록 하였다.[13]

〈사진 4〉는 고밀라 씨와 함께 동대문의 러시아음식점 '프렌드'에서 주문한 음식이다. 고밀라 씨는 샤슬릭과 플로브, 리뽀쉬카, 만티를 주문했다. 양고기꼬치, 볶음밥, 빵, 만두가 식초를 가미한 볶은 당근샐러드와 함께 나왔다. 음식은 보통 차(연한 홍차)와 함께 주문하는데 식사 중에 계속 제공되었다.

간식으로 나온 '쌈싸'에 다진 고기가 잔뜩 들어가고, 된장국이나 시래

---

13) 밥과 반찬을 앞접시에 덜어먹는 풍습은 외식이 아닐 경우, 사할린 한인들에게만 볼 수 있다.

〈사진 4〉 샤슬릭, 만티, 플로브, 리뽀쉬카

기국에 꼭 고기를 넣으며, 샤슬릭을 즐겨먹는 것에서 알 수 있듯이 고려인들은 김치와 시래기국 등 한식을 바탕으로 하면서도 러시아와 중앙아시아에서 생활하면서 육식생활이 몸에 익은 듯 했다. 이렇게 밥과 빵, 채식과 육식, 한식과 러시아식, 중앙아시아식 음식문화의 결합은 이들의 몸에 체현된 복합적인 문화의 성격을 잘 드러내준다.

한편, 사할린 한인 영주귀국자들은 15평형 아파트를 제공받지만, 고려인 노동자들은 대부분 원룸이나 부엌과 화장실이 딸린 방 1~2개의 공간에 살고 있다. 한 방에 주야교대 근무하는 2~3명이 거주하는 경우도 다수 발견된다.[14] 구소련 지역의 주거공간은 '잠칸', '부엌칸', '거실칸' 등 기능별로 분리되어 있고, 욕조가 있는 샤워시설과 화장실이 분리되어 있다.[15] 이들은 거주국에서 거실이 있는 방 2개 이상의 아파트나 단독

---

14) 김승력, 「국내 체류 고려인 동포의 현황과 과제」, 『이주 150주년과 고려인의 과거·현재·미래』, 2013, 22~23쪽.

15) 이영심·최정신, 「우리나라에 거주하는 고려인의 주거 및 주생활—재한 고려인 이주 노동자의 주거 지원을 위한 탐색」, 『대한가정학회지』 제46권 4호, 2008 참조.

주택에 거주하였던 만큼 현재의 주생활에 대한 만족도가 매우 낮았다. "잠시 머무를 임시적인 거처라는 생각에 버티고"16) 있지만, 이들은 "이런 데서 살다가 죽고 싶지 않다."17)고 하소연하였다.

③ 세시풍속

고려인에게 가장 중요한 명절은 설날과 추석, 한식이고, 사할린 한인에게 가장 중요한 명절은 설날과 추석이다. 주로 한반도 북쪽지역 출신인 고려인은 북방풍습인 한식을 반드시 지켜 음식을 차려놓고 성묘를 하지만,18) 한반도 남쪽지역 출신인 사할린 한인에게는 한식에 성묘하는 풍습이 남아있지 않았다. 고려인과 사할린 한인은 음력 달력을 구하기 힘들어서 양력으로 설과 추석을 지내는데 추석은 절기가 안 맞아서 한 해 농사를 끝내고 오곡을 수확한다는 의미를 가질 수가 없었다. 그래서 추수감사절의 의미는 사라지고, 8월 15일에 해방절의 의미로 추석을 쇤다.

한편, 제사는 고려인보다 사할린 한인이 더 엄격하게 지내고 있었다. 고려인은 부모님과 배우자에 한해서 3년만 지내고 그 다음에는 지내고 싶은 사람만 지내지만, 사할린 한인은 2대 정도까지는 제사를 다 지낸다.19) 제사음식은 현지화 되어 보드카, 바나나, 토마토, 사탕과 과자, 오

---

16) 송안드레이(가명) 인터뷰.

17) 강예나(가명) 인터뷰, 2014년 1월 10일, 경기도 안산시 단원구 선부동 김아나톨리 · 강예나 씨 자택.

18) "성묘가는 날은 중요하게 생각했어요"(고밀라 인터뷰, 2014년 2월 10일, 서울시 중구 쌍림동 러시아 식당 MY FRIEND 및 파리바게트 2층), "4월 5일에 고려인들 다 성묘하러 가요. 이게 제일 큰 명절이에요. 이때는 경찰들도 고려인들 속도위반해도 안 잡아요. 가서 절하고, 돼지고기, 계란, 떡, 과일, 초콜릿, 술, 밥, 물 가져가서 차리고 절하고, 큰 아버지, 작은 아버지, 가족 다 가요"[송안드레이(가명) 인터뷰].

19) 김루드밀라 인터뷰 ; 이금자 인터뷰, 2014년 3월 26일, 경기도 안산시 상록구 사동 고향마을 아파트, 이금자 씨 자택 ; 이태엽 인터뷰, 2014년 5월 14일, 경

〈사진 5〉 고려인의 한식 풍경 1

〈사진 6〉 고려인의 한식 풍경 2

이, 소시지, 오리고기 등 색다른 음식이 올라가기도 하지만, 밥, 물, 술,

기도 오산시 수청로 중림마을아파트 노인정.

〈사진 7〉 고려인의 명절 음식 만들기

삶은 닭, 사과, 배, 나물은 거의 빠지지 않고 준비한다. 그것은 부모님, 시부모님에게 따라 배운 풍습이었다.

사할린 한인은 한반도 남쪽 지역 출신으로서 한국에 연고가 있으므로 주로 한국의 친척들과 명절을 보낸다. 그러나 이주의 역사가 길어 연고를 확인할 수 없고, 북쪽 지역 출신인 고려인에게 명절은 오랜만의 휴식 시간이나, 친구들과 고향생각을 나누며 친목을 도모하는 자리로 변모한다.

> 명절 때 한국인들(이) 고향 내려가면, 고려인들은 서로 모여서 샤슬릭이나 기름밥, 국수 같은 우즈벡 음식 같은 거 해서 같이 놀아요.[20]

> 친구들이랑 만나서 맛있는 거 먹고… 가끔은 친구 집에서 러시아 음식 만들어 먹기도 해요.[21]

---

[20] 김아나톨리(가명) 인터뷰, 2014년 1월 10일, 경기도 안산시 단원구 선부동 김아나톨리(가명) · 강예나(가명) 씨 자택.
[21] 송안드레이(가명) 인터뷰.

이들은 가족, 친족들과 완전히 분리되어 있어 제대로 명절을 쉴 수 없기 때문에 격식을 차려 명절을 쇠지 않고, 타향살이의 고달픔과 고향에 대한 향수를 달래기 위해서 친구들과 모여 고향음식을 만들어 먹으며 명절을 지내는 것이다.

　　그냥 집에서 자고 있어요. 일 바쁘니까. 명절 때 외롭고 그런 거 없어요. 저는 딱 앞으로 3일 쉰다고 그런 거 좋고. 명절음식 따로 안 해요.[22]

하지만 노동이 고달플 때는 그마저도 사치일 뿐이다. 일상적으로 하루 10~12시간의 노동에 시달리는 고려인 노동자들에게 명절은 오랜만에 찾아온 반가운 휴식시간이다. 이들은 가족이 한국에 함께 있어도 명절치레는 아무 것도 하지 않은 채, 그냥 혼자 집에서 잠을 보충하며 재충전을 하는 시간으로 명절을 보내기도 한다.

2) 생활의식: 사고방식과 생활태도

(1) 이중정체성

고려인과 사할린 한인은 한국을 "내 선조의 뿌리가 있는" 모국으로, 거주국을 "내가 태어나고 현재 살고 있는" 조국으로 인식하는 이중정체성을 가지고 있는 존재이다.[23] 이들에게 한국은 "내 선조의 뿌리가 있는" 근원적인 고향으로서, 이들은 한반도에 대해 혈연적 연대감과 문화적 공통성을 바탕으로 한 귀속감을 느끼고 있다.[24]

---

22) 김루드밀라 인터뷰.
23) 박민철 · 정진아, 「재러 고려인의 민족정체성과 민족적 자긍심」, 『코리언의 민족정체성』, 선인, 2012, 234~238쪽 참조.
24) 김아나톨리(가명), 이금자 인터뷰 ; 이진실 인터뷰, 2014년 2월 27일, 건국대학

러시아와 중앙아시아에서 이들의 외모는 차별의 표식이었다. 러시아
와 중앙아시아에서 태어나고 자란 이들은 어릴 때는 자신과 러시아인을
동일시하였지만, 성장하면서 자신의 외모가 러시아인이나 중앙아시아
인, 아랍인들과 전혀 다르다는 점을 깨닫게 되었다. 러시아인과 다른 외
모로 인한 차별과 배제, 그로 인해 생긴 자의식은 자신의 정체성을 끊임
없이 고민하게 만드는 요소였다.[25]

> 어렸을 때부터 러시아에서 자라니까 나는 러시아 사람이다 그렇게 생
> 각했는데 러시아 사람들이 계속 놀리는 거예요. 나쁜 추억들도 많았죠.
> 어 눈이 다르네? 돌도 던지고 그랬어요… 저는 많이 그런 스트레스랑 공
> 포적인 추억이 있었어요. 나는 '아이들이 어려서 그렇다. 그렇게 말하는
> 아이들이 나쁜 거다. 그걸 선생님은 알아주실 거다.' 그렇게 생각했는데
> 중고등학교 때 선생님이 나에게 생긴 대로 여우처럼 교활하다는 얘길하
> 는 걸 듣고는 너무 충격을 받았어요. 그때부터 나는 러시아인이 이 아니
> 라 한국사람이라는 생각을 하게 된 것 같아요. 한국이 궁금했고, 한국이
> 좋았어요.[26]

> 어렸을 때부터 심하게 아이들이 놀렸다. 눈 찢어졌다고 고려인, 고려
> 인. 아이들이 놀려서 처음부터 우즈벡 살기 싫었어요. 한국에 오니까 제
> 일 좋은 게 사람들이 다 똑같이 생겼다. (러시아 사람들이) 여기는 "러시
> 아 땅이니까 너네는 너네 땅에 가" 그랬어요. 안 좋은 일 생겨서 싸우면
> 꼭 그런 말 나와요. "너네는 고려인인데 왜 이렇게 러시아말 잘해?" 우리
> 는 똑 같은 말 한다고 그래도 그래요.[27]

교 문과대 연구동 209호 정진아 교수 연구실 ; 박타티아나 인터뷰, 2014년 3월
24일, 건국대학교 문과대 연구동 209호 정진아 교수 연구실.
25) 김루드밀라, 박타티아나 인터뷰 ; 박류드밀라 인터뷰, 2014년 3월 15일, 건국
대학교 문과대 연구동 209호 정진아 교수 연구실 ; 황옥사나 인터뷰, 2014년
3월 19일, 건국대학교 문과대 연구동 209호 정진아 교수 연구실.
26) 박타티아나 인터뷰.

성장하면서 겪은 반복적인 민족차별의 경험 또한 자신을 러시아인, 중앙아시아인과는 다른 존재로 인식하게 되는 계기가 되었다. 그러나 확고한 국민정체성과 달리 이들의 민족정체성이 구체적인 하나의 나라가 아닌, 전승된 기억 속의 근원적인 지향점인 '한반도'로 수렴되고 있다는 점에서 이들의 민족정체성은 다분히 심리적이고, 상징적인 성격을 가지고 있다.[28] 따라서 이들의 민족정체성은 한국과의 교류, 한국 체류 경험 등을 통해 재구성될 가능성이 큰 것이었다.[29]

(2) 개인주의와 친족주의

고려인과 사할린 한인은 공식적인 업무가 끝나면 자신만의 시간을 갖고, 저녁에는 별다른 일이 없으면 가족과 저녁을 먹고 함께 시간을 보낸다. 이들에게 중요한 것은 무엇보다 개인의 자아성취와 가족의 행복이다. 그러나 이것이 개인과 가족 단위에만 머물지 않는다. 명절이나 생일 등 가족의 특별한 행사가 있으면 외가와 친가의 식구들이 모여 음식을 만들고, 게임도 하며 단란한 시간을 갖는다. 친척들끼리 연락도 자주하고, 방문도 자주 하면서 긴밀한 관계를 유지하고 있다.

> (휴가 때는) 친척 많잖아요. 그래서 오늘 여기 가서 내일 저기 가서 매일매일 다른 집 방문하는 거예요. 몇 촌 할머니도 있고. 우리 같은 경우는 친척 되게 친밀하게 가깝게 지내요. 가족 저한테 물어보시면 우리 부

---

27) 김루드밀라 인터뷰.

28) 윤인진은 남북한 주민을 형제자매로 인식하는 혈연의식과 남북한에 대한 소속감이 구체적으로 고국과 관련된 경험과 지식에 의거하지 않다는 점에서 이들의 민족정체성이 심리적이고 상징적이라는 점을 지적했다(윤인진, 「중앙아시아 한인의 언어와 민족정체성」, 『재외한인연구』 제7집 1호, 1998, 259쪽.

29) 민족정체성이 고정적인 것이 아니라 시대에 따라 끊임없이 재구성된다는 주장에 대해서는 정근식·염미경, 「디아스포라, 귀환, 출현적 정체성—사할린 한인의 역사적 경험」, 『재외한인연구』 제9호, 2000; 반병률, 앞의 논문 참조.

모님, 동생, 우리 외할머니, 외할아버지, 할머니, 할아버지 이거 가족이에
요. 삼촌, 고모, 외삼촌, 사촌동생들 100% 하면 87% 친하게 지내요. 명절
때는 같이 모여서 음식 요리도 하고, 같이 밥도 먹고 얘기도 나누고 게임
도 하고… 우리 가족, 이모, 고모, 삼촌, 외삼촌, 사촌오빠, 30명 정도 같
이 모여요. 우리 집은 큰 편이라. 친가, 외가 다 같이 모여요. 우리는 어
머니 부모, 아버지 부모 가리지 않아요.[30]

고려인들이 큰 나라에서 소수민족으로 살아서 그런지 모르겠는데, 고
려인들은 자기 가족, 친척이랑 되게 친해요… 이모 집에 가려면 하루 정
도 걸렸는데 제가 가기도 하고, 이모가 오기도 했고 자주 그랬어요. 친족
간의 유대감 정도가 남다른 것 같아요.[31]

한편, 돌잔치나 결혼식, 환갑, 장례식 등 생애의례가 있을 때는 친족
을 넘어서 출신지별 민족 공동체가 함께 움직이고, 설과 추석에는 고려
인민족문화센터에 함께 모여 민족행사를 지낸다. 강제이주와 강제징용

〈사진 8〉 고려인의 결혼식 풍경

---

30) 박류드밀라 인터뷰.
31) 고밀라 인터뷰.

으로 인해 고국과 분리된 삶을 살았던 이들은 친족과 민족 공동체의 결속력을 기반으로 민족정체성을 유지하고, 타국에서의 신산한 삶을 극복해왔다.

> 사할린 사람들은 서로 잘하고 친척끼리도 자주 만나요… 거기서는 친구들 친척들 큰 일하면 다 같이 하고 같이 먹고. 우리가 외국에 있을 때는 친척도 없지. 친구들이 친척인기요. 아프다 하면 다 같이 가서 다 해주고. 거기서는 다 같이 하는 거요. 동네사람이 다 같이 밤새고 같이 하는 기요.[32]

> (여기와서도) 젊은 애들이 다 "아버님, 아버님." 하고 지내요. 이 동네에서 내가 사람들 일자리도 많이 구해주고 서로 도와줘요.[33]

친족은 확대된 가족이었고, 민족은 친구이자, 이웃이고 고단한 삶을 함께 하는 동지였다. 이 과정에서 고려인과 한인은 모두 확대된 가족으로서 친족과 민족 공동체에 대해 강한 결속력과 애정을 가지게 되었다. 그리고 그러한 생활문화는 한국에 이주해 와서도 계속 유지되고 있었다.

(3) 약자에 대한 배려와 공중도덕

고려인과 사할린 한인은 일제강점기 러시아 문화권으로의 편입되어 소련식 사회주의 근대화를 경험하였다. 이들은 동양의 유교적 사유방식을 바탕으로 어른을 공경하면서도 서양의 개인주의와 약자에 대한 배려, 공중도덕 의식을 체화하였다. 한국인들이 지하철이나 버스에서 노

---

32) 이금자 인터뷰.
33) 김아나톨리(가명) 인터뷰.

인과에게 자리를 양보하지 않는 것, 여성을 도와주지 않는 남성중심주의, 타인을 전혀 배려하지 않는 모습 등은 한국에 와서 보게 된 낯선 풍경이었다.

> 지하철에 들어갔는데, 임산부가 있더라고. 근데 아무도 자리를 안 비켜줘. 우리는 나이가 있어도 우리보다 나이가 많거나 임신한 사람 있으면 비켜줘요. 우즈벡에서 무슬림들도 다 그래요. 그런데 한국 젊은 애들은 할머니, 할아버지한테 자리를 안 비켜주더라고.[34]

> 러시아에서 여성들이 짐 많이 들고 가는데 남성들이 그냥 지나가는 거 있을 수 없어요. 짐을 들어주고 도와줘야 해요. 유모차를 끌고 가는 여성 있으면 옆에 가서 밀어줘요. 차에서도 꼭 여성에게 자리를 양보해요. 여성들이 남성보다 힘 약하잖아요.[35]

> 내가 장을 보고 가는데 갑자기 사람이 뚝 멈춰. 앞에 보니까 애기 엄마, 아빠들이 애기 옷이 뭐가 풀어졌나 그걸 뭐 해주고 있는데, 왜 그걸 옆으로 안 비키고 거기서 하지 싶더라고. 왜 남의 눈치를 안 살피고 자기만 편하면 다야. 앞에 딱 서서 그렇게 막으면 뒤에 있는 사람들은 어떻게 하나 싶고, 많이 이상했어요.[36]

> 우리는 일본교육, 러시아교육 다 받았으니까 그렇게 해야 되나 보다 하거든요. 일본사람 주차장에서나 부딪히면 고멘나사이, 우리도 죄송해요 그러거든. 아무리 우리가 안 그랬다 하더라도. 한국 아주마이 부딪치면 안 그러더라구. 엘리베이터에서 안 눌러도 되는데 (자꾸 눌러서) 얘기하면 "당신이 뭔데?" 그러더라구. 너무 상식 없게 보이는 데도 있더라구.[37]

---

34) 김아나톨리 인터뷰.
35) 박타티아나 인터뷰.
36) 강예나 인터뷰.
37) 이금자 인터뷰.

이금자 씨를 제외하면 소수자인 이들은 위와 같은 문제를 느꼈을 때 적극적으로 문제를 제기하지 않았다. 하지만 경제적으로 발전하고 생활이 풍족한 한국인들이 왜 그렇게 약자를 배려하지 않고, 타인을 돌아보지 않는지 이해하기 힘들다고 말했다. 고려인과 한인들은 한국의 외형적인 성장 뒤에 감춰진 자기중심주의, 이기주의의 단면을 보고 당황스러움을 느끼고 있었다. 그리고 그것을 자신이 경험한 러시아 문화를 기준으로 비교하고, 자신이 체득한 러시아 문화에 대해 우월감을 느끼기도 하였다.

(4) 평등주의적 생활태도

러시아와 중앙아시아에는 높임말이 없고, 나이와 직위, 보수에 따른 위계가 크지 않다. 사회주의 경험으로 인해 러시아는 교육과 직업에 대한 카르텔이 한국사회 보다 약하고, 개인의 취향을 중요시 한다. 그래서 교수 부인에 택시기사 남편, 의사 남편에 청소부 부인은 흔하고 문제도 안 되는 평등주의적 문화적 풍토를 가지고 있다.[38]

고려인과 사할린 한인은 학생은 교수의 말에 복종해야 하고, 신입사원은 상사의 말에 복종해야 하며, 노동자는 무조건 고용주의 말에 복종해야 한다는 의식 자체가 없다. 잘못은 토론을 통해 가려야 하는 문제일 뿐 권위에 의해서 결정되는 것이 아니라고 생각하기 때문이다.

> 러시아에서는 선생님, 동료들과 문제가 있다고 생각하면 함께 다 같이 이야기해요. 선생님이 옳을 수도 있지만, 틀릴 수도 있어요. 한국에서는 선생님에게 그렇게 할 수 없어요. 그렇게 하지 않아요… 그렇지만 한국에서는 윗사람에게 불만이 있거나, 묻고 싶은 것이 있어도 이야기하지 않아요.[39]

---

38) 김승력 인터뷰.

고려인과 사할린 한인은 동료들과의 관계에서도 평등의식을 강조했다. 사적인 영역에서의 예의와 존중은 인정할 수 있는 것이지만, 공적인 업무에서 위계에 따라 일이 분배되는 것은 불공평하다고 생각하였다. 공적인 업무를 처리할 때 나이, 성별, 언어능력은 각자가 가진 특성일 뿐 불평등을 감내해야 할 요소가 아니기 때문이다.

> (팀 프로젝트 할 때) 우리 팀에 외국인 2명, 대만에서 온 친구 있었어요. 한국인 친구 저한테 다 맡겼어요. "영어 할 줄 알잖아." "누나잖아." "우리는 문장만 고치면 돼." 제가 화를 많이 냈어요. 그렇게 하면 선생님한테 가서 다 얘기할 거라고. 제가 계획 다시 짰어요… 다 25%씩 나눠줬어요. 그게 공정하다고 생각해요. 다 같이, 같은 몫으로. 그게 공정한 거예요. 각자 역할은 정확하게 해야 되고, 팀 프로젝트는 그게 기본이에요.[40]

고려인과 사할린 한인은 일제강점기 러시아 문화권으로의 편입되어 소련식 사회주의 근대화를 경험하였다. 이들은 동양의 유교적 사유방식을 바탕으로 하면서도 서양이 표방한 개인주의와 사회주의적 평등의식을 체화하였다. 어른에 대한 공경을 하면서도 한편으로 개인의 자율성과 사적 영역을 보호하고자 하고, 약자에 대한 배려와 공중도덕, 평등주의를 강조하였다. 이는 '언어정체성'[41]을 확립하고, 자신의 의견에 대해 당당하게 얘기할 수 있는 유학생 그룹에게서 두드러지게 표현되고 있었다.

---

39) 김니카 인터뷰, 2014년 3월 1일, 한양대학교 학생회관 커피숍.
40) 박류드밀라 인터뷰.
41) 고려인 한글야학 '너머'의 김승력 대표는 '언어정체성'의 개념을 "그 지역의 언어로 자신의 의사와 생각을 정확히 전달할 수 있어서 불편과 차별을 받지 않을 수 있는 능력"이라고 정의하였다(김승력 인터뷰).

3. 고려인, 사할린 한인과 한국인의 문화갈등

1) 생활문화의 차이

1990년대 이후 세계화가 급속히 진행되면서 한국인의 생활문화에는 많은 변화가 있었다. 서구식 식습관이 유입되면서 한국인의 식생활이 다변화되었고, 상공업 중심의 근대적 생활문화가 자리 잡으면서 농경문화에 따른 절기의식에 바탕을 둔 명절풍속이 설날과 추석을 중심으로 변모하였다. 기독교 인구가 급증하면서 제사의례 또한 간소화되고 있다. 음식, 제사의례, 명절풍속에서 가풍 및 지역별 특성을 인정하는 한국인의 관습에 따라 식생활, 제사의례, 명절풍속에서도 고려인, 사할린 한인과 한국인의 문화갈등 요인은 크지 않은 것 같다.

(1) 언어와 패션문화

가장 심각한 것은 언어 문제이다. 특히 고려인 노동자들은 한국인과 기본적인 언어소통 조차 되지 않는다. 언어정체성의 부족은 한국인과의 접촉면을 좁혀 오히려 문화갈등의 소지가 적지만, 고려인이 한국사회의 중심으로 진입해 들어오지 못하고 주변화되며, 차별을 당하는 중요한 요인이 되고 있었다.[42]

송안드레이 씨는 청주에서 박스공장에서 일한 적이 있는데 반장이 가져오라고 한 물건을 잘못 가지고 가서 크게 혼이 난 일이 있다고 했다. 그는 자신이 한국어를 잘 못하기 때문에 조선족 동포보다 월급을 더 적게 받는다고 생각하고 있었다. 그는 어서 빨리 한국어를 유창하게 해서 월급이 올랐으면 좋겠다고 말하였다.[43] 이들에게 한국어 구사능력은 생

---

42) 김승력 인터뷰.

활을 개선하는데 반드시 필요한 문화자본이다.

하지만 하루에 10~12시간씩 노동을 하는 고려인 노동자들이 한국어와 한국문화를 배울 수 있는 시간은 퇴근 후 9시부터 시작되는 야학에서의 주 3일 6시간 학습이 전부이다. 그나마 고려인 노동자들이 더 이상 시간을 낼 수 없어서 수준별 집중학습은 엄두를 내기 힘든 상황이다.[44] 그리고 이들이 의사소통을 할 수 있는 데는 도움을 줄 수 있지만, 이들의 언어교육은 시민단체가 감당할 수 있는 몫이 아니다. 국가와 지방자치단체가 나서서 수준별 언어교육 프로그램을 개발하고, 교육시간을 조정하는 등 맞춤형 언어교육을 제공해야 한다.

다음으로 생활풍속에서 고려인, 사할린 한인이 한국인과의 가장 많이 갈등을 빚는 지점은 의생활이다. 깊게 패인 상의와 하이힐, 진한 화장과 화려한 액세서리는 이들이 일상적으로 즐겨온 패션문화였다. 서양인들은 여성들의 상체노출에 관대하지만, 동양인들은 하체노출은 상관없어도 여성들의 상체노출에 대해서는 매우 부정적이다. 따라서 한국인은 고려인, 한인의 패션문화를 곱지 않은 시선으로 바라본다. 이들의 패션문화는 성추행의 빌미가 되기도 한다.

> 한국 와서 진짜 이상했던 게, 아래는 미니스커트나 진짜 짧은 바지 입어도 괜찮고. 위에는 그렇게 입으면 안 된대. 우리 우즈벡에 있을 때 어린 애들이야 아래가 짧은 거 입어도 상관없지만, 20살 넘은 여자들이 그렇게 입으면 이상하게 봤어요. 그런데 위에는 짧은 거 입어도 괜찮아요. 그런데 한국사람들은 위에는 다 싸매 입으면서 아래는 다 드러내고. 그래서 한국에 처음 들어오는 고려인 여자들한테 위에 옷은 막 파여 있는 거 입지 말라고 말해줘요. 청소하는 사람 가슴 많이 파여 있는 그런 거 입으

---

43) 송안드레이(가명) 인터뷰.
44) 김승력 인터뷰.

면 한국사람들 이상하게 생각한다고. 한국 아줌마들도 나한테 그런 거 입지 말라고 했어.[45]

회사에서도 한국인 아줌마들이 고려인 여자가 위에 그렇게 입고 오면 막 뭐라고 해요. "니 회사에 일하러 왔지 꼬리치러 왔냐"고. 나도 고려인 여자애들한테 니 그렇게 입고 막 실실 웃으면서 회사남자들 대하면 저 사람들 오해한다고 말해줘요. 진짜 어떤 아저씨는 오해도 하고 해서 내가 그런 거 아니라고 했죠.[46]

한국에 비해 가난한 러시아, 중앙아시아의 가난한 이미지를 투영시키며, 이들의 화려함을 힐난하기도 한다.

우리 하이힐 많이 신어요. 여자들. 도로가 안 좋더라도 신고 다녀요. 그게 문화예요. 저도 여기 처음에 왔을 때 거의 신발 그런 신발이었는데 "너 어떻게 이런 거 신고 다니냐?" 악세사리도 사할린 사람들은 금을 많이 차고 다녀요. 팔찌, 반지, 목걸이 다 차고 다니는데 한국사람 볼 때 "와 되게 너 화려하다. 너 항상 그렇게 차고 다니냐?" "너네 나라는 가난한데 너네 집은 잘사냐?" 그러고.[47]

한국의 기준에 맞추어 고려인, 한인의 생활문화를 재단하는 한국인의 시선에서 이들은 자유로울 수 없었다. 거주국에서는 외모가 차별의 표식이었지만 민족 내에서는 언어와 패션이 차별의 표식이 되고 있다는 사실을 인지하는 순간, 이들은 한국인과 같은 모습으로 '수수하고', '튀지 않게' 자신을 변화시키는 전략을 구사한다. 언어와 달리 패션은 쉽게 변화시킬 수 있는 영역이기 때문이다.

---

45) 강예나(가명) 인터뷰.
46) 김아나톨리(가명) 인터뷰.
47) 이진실 인터뷰.

(2) 개인주의 대 집단주의

고려인, 사할린 한인은 개인주의적인 생활문화를, 한국인은 집단주의적 생활문화를 갖고 있다. 이것은 직장 내 일상적인 갈등의 지점이 된다. 고려인과 한인은 공식적인 업무시간에만 집단에 충실하고 그 외에는 개인적인 시간을 갖거나 가족들과 시간을 보내고자 한다. 그러나 한국인은 공식적인 업무시간 외에도 학교와 직장 등 집단생활에 충실할 것을 요구한다.

고밀라 씨는 입사 초기 정확히 출퇴근 시간을 지키는 습관 때문에 상사에게 불려가 주의를 받았다. 30분씩 일찍 출근하고 상사가 퇴근하기 전까지 가급적 퇴근하지 말라는 충고도 받았다.[48] 연구실 생활을 하는 대학원생 김니카 씨도 할 일만 끝나면 연구실에서 나왔다가 교수와 선배들로부터 자리를 지키라는 지적을 받았다.[49] 황옥사나 씨는 잦은 회식 참여요구가 힘들었다고 말했다.[50]

고려인, 한인들이 느끼는 한국인의 집단주의는 단순히 집단적으로 행동할 것을 요구하는 것뿐만이 아니라, 일상생활에서 집단적인 기준에 따라 움직일 것을 요구하는 것을 포함하는 의미였다. 고려인, 한인은 한국인이 한국의 주류집단이 정한 기준에 따라 움직이고, 그것을 은연중에 동포에게도 강요한다고 생각하였다.

> 한국사람들 모든 것에 기준이 있어요. 좋은 학교, 좋은 직업. 어느 정도가 되어야 좋은 학교, 좋은 직업이라는 기준이 분명하지요. 그리고 그것을 이뤄야만 성공한다고 생각해요. 러시아에서는 무엇을 전공했는지, 무슨 일을 하는지 묻는데 한국에서는 연세대학교 다닌다고 하면 아무것

---

48) 고밀라 인터뷰.
49) 김니카 인터뷰.
50) 황옥사나 인터뷰.

도 안 물어봐요.[51]

한국 사람들은 나이, 학교, 사는 곳 이런 주위환경만 물어보고 사람이 어떤지 물어보지 않아요. 러시아 사람들은 뭘 좋아하세요? 이런 거 물어보지. 한국사람이랑 이런 게 제일 달라요.[52]

집단문화를 강요하면서도 이기적인 한국인의 모습은 또한 낯설고 충격적으로 다가왔다. 친족과 민족 속에서 공동체적인 유대를 느끼며 살아온 이들에게 집단, 집단을 외치면서도 치열한 경쟁 속에서 타인을 견제하고, 배제하는 한국인의 모습은 이율배반적인 것으로 느껴졌다.

시험 때였어요. 시험문제가 나왔는데 무슨 뜻인지 몰라서 옆에 친구한테 그걸 물었어요. 그런데 뒤에 앉아 있는 한국사람이 갑자기 선생님을 부르더니, 이 친구들 지금 얘기하고 있다고 저보고 나가라고 하더라고요. 되게 충격 받았는데, 경쟁이 너무 심한 거 같아서 놀랐어요. 저한테 말하면 되는데 왜 굳이 선생님을 불러서 얘기했는지 이해가 안 됐어요.[53]

러시아에서는 시험 때 서로 답안지도 보여주고 서로 공부도 도와주고 이래요. 그런데 한국에 왔을 때 다른 고려인 친구가 저보고 너는 절대 다른 사람한테 답안지 보여주지 말라고 말해요. 왜 그러냐까 자기가 자기 친구한테 보여주니까 옆에 있던 한국 학생이 바로 교수님한테 그걸 말해서 쫓겨났대요. 한국사람들은 무조건 혼자 공부하는 게 신기했어요. 같은 학생끼리 너무 경쟁이 심하고. 서로 점수 막 물어보고. 서로 친구라도 잘 안 도와주는 거 보고 놀랐어요.[54]

---

51) 이진실 인터뷰.
52) 황옥사나 인터뷰.
53) 고밀라 인터뷰.
54) 황옥사나 인터뷰.

고려인과 한인은 개인의 개성과 자아실현을 존중하는 풍토에서 성장하였기 때문에 개인의 행복과 성취감보다 주류집단이 정한 성공기준을 따라야 한다고 생각하는 한국인의 사고방식을 이해할 수 없었다. 특히 시험이나 경제적인 문제 때문에 자살하는 현상을 이해하지 못했다. 다음에 더 잘하면 되는 문제이지, 그것을 가지고 극단적인 선택을 하는 사고방식에 공감할 수 없는 것이다. 이렇듯 주류집단의 기준을 가지고 개인을 몰개성화하고, 집단주의를 강요하면서도 이기적인 한국인의 생활의식은 개인주의와 친족주의를 바탕으로 민족공동체 의식을 체화해간 고려인, 사할린 한인의 생활의식과 충돌하고 있었다.

(3) 권위주의 대 반권위주의

러시아 문화권에서 생활한 고려인, 사할린 한인은 한국생활을 하면서 나이의 위계, 학교나 직장에서의 수직적 상하관계 때문에 힘들었던 경험을 토로하였다. 러시아에서는 존대말이 없어 나이의 위계 없이 친밀하게 지내고, 교수와 학생, 상사와 신입사원이 토론하는 문화가 활성화되어 있다. 그러한 문화에 익숙한 이들에게 개성이 강하고, 주장이 있는 것은 좋다고 하면서 실제로 학교와 직장에서 교수와 상사에게 자기주장을 펼치면 싫어하는 한국인의 태도는 이중적인 것으로 보인다. 게다가 부당한 처사에도 불구하고 일방적으로 상사의 지시를 따라야 한다는 것은 참을 수 없는 일이다.

> 조그만한 가게에서 일할 때 회식을 했는데 저는 회식이 싫었어요. 저는 가서 쉬고 싶은데 계속 술 마시러 가자고 해요. 저는 술 안 먹는다고 하니까 술 안 먹고 있어 라고 해서, 그것도 싫다고 하니까 그러면 안 된대요. 한 달에 1번도 아니고 1주일에 한 두 번씩 하니까 싫었어요. 그래서 내 일은 법적으로 끝났으니까 집에 가겠다고 하고 갔어요.[55]

> 한국은 모든 걸 참아야 해요. 러시아 사람들은 생각하는 대로 말해요.
> 화가 나면 화를 내고, 지금 내 생각이 이렇다는 걸 분명히 말해요. 이런
> 의견을 말해도 러시아 사람들은 직장상사에게 찍힌다는 생각이 크게 없
> 어요. 그런데 한국은 상사에게 함부로 하면 안 되고, 부당하더라도 참아
> 야 한다는 게 주류인거 같아요. 그래서 회사에서 혼난 적이 많아요. 그런
> 데 저는 혼나도 조금 돌려서 말하긴 하지만, 할 말 다해요.[56]

불안정한 고용상태로 인해 취약한 지위에 놓여있고, 부당한 처사에
대해 표현하려고 해도 한국어 구사능력이 부족해서 제대로 이러한 문제
를 표현할 수 없는 노동자들은 이러한 문제를 제기하지 못하였다. 하지
만 유학생 등 지식인 그룹은 이 문제를 부당한 처사이므로 항의해야 하
는, 양보할 수 없는 문제로 인식하고 대응하고 있었다.

2) 한국인 중심주의와 차별

고려인과 사할린 한인은 조부모 세대로부터 전승된 향수와 발전된 모
국에 대한 기대감을 바탕으로 한국에 입국하였다. 입국 후 이들이 느낀
첫 감정은 '편안함'이었다. 자신들과 똑같이 생긴 사람들이 있다는 것 자
체만으로도 좋았고, 고향에 온 느낌이었다.[57] 망각되었던 자신의 뿌리
가 상기되면서, 한국이 그들이 당면하고 있는 경제석, 사회적 문제를 해
결할 수 있는 공간으로 부상하였다.[58] 이들은 같은 외모를 가지고, 같은
문화를 가진 사람들이 모여 사는 모국이 민족차별을 받아온 이들을 같

---

55) 황옥사나 인터뷰.
56) 고밀라 인터뷰.
57) 김아나톨리(가명) 인터뷰 ; 김루드밀라 인터뷰 ; 고밀라 인터뷰.
58) 박재인·정진아, 「재러고려인의 역사적 트라우마와 치유방향」,『코리언의 역
   사적 트라우마』, 선인, 2012, 260쪽.

은 민족으로 대우하고, 동포로서 포용해줄 것이라고 상상하였다. 그러나 이들의 기대와 모국의 현실은 달랐다.

> 우리 아저씨는 회사 들어가면 자기 회사인 것처럼 되게 잘해줬어요. 근데 다른 사람들은 우리 아저씨 반 정도만 해도 사장들이 그렇게 좋아했대요. 우리 아저씨가 만난 사장들은 다 왜 그랬는지… 나쁜 일들, 무서운 일들을 다 우리 아저씨한테 시켰어요. 위험한데 집 꼭대기 올라가서 연통 부러진 것도 고치라고 하고. 그때 추운 겨울이었는데 우리 아저씨 손이 다 얼 뻔했죠. 그거 사람 불러서 고쳐야 되는 건데, 사람을 안 불러요. 기계 고치는 것도 다 우리 아저씨 시키니까 돈을 많이 벌어도 우리는 너무 힘든 거죠. 그래서 나왔어요.[59]

궂은 일 마다 않고 한국인보다 더 열심히 일해도 한국인과는 처우가 달랐다. 그 속에서 이들이 가진 기대와 상상 속 한국의 이미지는 하나씩 무너져갔다.

> 고려인들이 한국에 오기 전에 가지는 기대감이 있어요. 우리 고려인이 러시아에 살고 있지만 그래도 한국사람이고, 우리와 같은 사람들이 가득한 나라일 거라고 생각해요. 그런데 기대감이랑 다르니까 많은 사람들이 충격을 받고 실망을 해요… 한국사람들이 고려인을 받아들이지 않잖아요. 그래서 한국인들이 고려인에 대해서 어떻게 생각하는지 궁금해요. 만난 한국인들이 모두 저한테 너는 한국사람이니까 한국말을 완벽하게 해야지 이렇게 말해요. 다른 나라에 태어나도 나보고 한국사람이래요. 그런데 어떤 사람은 저보고 한국사람이 될 수 없다고 말해요. 그냥 우리를 외국인으로 생각하는 사람이 더 많아요. 우리를 신기해 하지만 가까이 하려고 하지는 않아요… 친구들끼리 어디 놀러가서 러시아말 쓰면, 가끔 사람들이 어디서 왔냐고 물어봐요. 자기들끼리 쑥덕거리기도 하고.[60]

---

59) 강예나(가명) 인터뷰.

한국인은 한국어를 잃어버린 이들에게 한국인처럼 한국어를 완벽하게 구사할 것을 요구하거나, 근본적으로 한국인이 될 수 없는 존재라고 생각하고 거리를 두기도 하였다. 한국인에게는 이들이 한국인도, 러시아인도 아닌 동포로서의 '고려인', '한인'이라는 인식이 부재하기 때문이다. 고려인, 한인은 모국에 와서 오히려 민족정체성이 흔들리고 있었다. 한국인이 자주 얘기하는 '우리'는 고려인, 한인을 포괄하는 개념이 아니었고, 거주국 주민뿐 아니라 한국인 역시 이들을 차별했기 때문이다.

러시아어를 구사하고 러시아 국적을 가졌어도 고려인, 한인보다 서구적 외모를 가진 러시아인이 더 좋은 대우를 받았고, 똑같이 회사에 입사해도 고려인, 한인은 한국인보다 월급이 적었다.[61] 한국인들은 겉은 노랗지만 알고 보면 백인과 같다는 "바나나"라는 표현으로 한국인과 다른 생활의식을 가지고 있는 이들을 비꼬기도 하였다.[62]

> 러시아에 대한 애정이 있고, 한국에 와서 더 생겼어요. 러시아가 좋은 나라라는 생각이 들기도 해요. 사람들도 나쁘지 않고. 저는 러시아 학교에서 차별 받았지만, 오빠는 그러지 않았잖아요. 한국에 와서 러시아를 조금 더 객관적으로 볼 수 있었던 거 같아요. 특히 러시아 오페라나 문학과 같은 것들을 러시아에 있을 때는 별로 훌륭하다고 생각 안 했는데, 한국에 와서 이런 것들을 더 인식하게 됐어요. 한국이 경제나 기술적으로 발전된 나라이긴 하지만, 러시아도 괜찮은 나라다 라는 생각이 들어요.[63]

이들의 이중정체성은 한국인의 차별을 경험하면서 재구성되는 모습을 보이고 있었다. 거주국에서 민족차별을 경험하면서 민족정체성이 강

---

60) 황옥사나 인터뷰.
61) 고밀라 인터뷰.
62) 박류드밀라 인터뷰.
63) 고밀라 인터뷰.

화되었지만, 오히려 국내 이주 후 민족 내 차별을 경험하면서 국가정체
성이 강화되는 모습을 보이고 있었다. 또한 민족의 성원에서 배제하는
한국인의 태도로 인해 이산트라우마도 재작동되고 있었다. 모국인 한국
조차 우리를 받아주지 않고 차별한다면 이제 "어디로 가야하는지" 사할
린 영주귀국자를 제외한 고려인과 한인은 정착에 대한 불안을 안고 있
었다.[64]

4. 고려인, 사할린 한인과 한국인의 문화공존을 위한 전제조건

"고려인, 사할린 한인의 문화와 한국인의 문화가 만났을 때 새로운 문
화창출의 가능성이 있다고 생각하는가?"라는 질문에 고려인과 사할린
한인은 대부분 긍정적인 답변을 하였다. 이들은 자신들의 문화가 그것
을 입증하고 있다고 말하였다. 고려인, 사할린 한인의 문화는 러시아문
화와 한국문화에서 영향을 받았지만, 러시아문화나 한국문화라고 할 수
없는 고려인, 사할린 한인만의 독특한 문화라는 것이다. 자신들이 새로
운 문화를 창출했듯, 고려인, 사할린 한인과 한국인의 문화가 만난다면
새로운 문화창출의 가능성이 '분명히' 존재한다고 생각하였다.

하지만 그것은 한국인과 고려인, 사할린 한인이 서로를 받아들이면서
바뀌어갈 때 가능하다는 점을 이들도 잘 알고 있었다.[65] 그러한 점에서

---

64) 이진실 인터뷰 ; 고밀라 인터뷰. 그런 점에서 이들은 강희영, 신현준이 말하
　듯 '트랜스로컬 정체성'을 가지고 국가를 넘나드는 '과국적 이동'과 '과문화적
　실천'을 자유롭게 취사선택하는 존재로서 성장해가기 보다 러시아인, 중앙아
　시아인의 민족차별 및 한국인의 민족 내 차별로 인해 재유랑하거나 부유하게
　될 가능성이 높다고 할 것이다(강희영, 앞의 논문; 신현준, 앞의 논문 참조).
65) 황옥사나 인터뷰 ; 이진실 인터뷰 ; 김니카 인터뷰. 새로운 문화창출의 가능
　성에 대해 황옥사나와 이진실이 긍정적인 답변을 한 것과 달리 김니카는 부

볼 때 고려인, 사할린 한인의 문화와 한국인의 문화가 접점을 형성하고 새로운 문화를 창출해나가기 위해서는 세 가지 전제조건이 필요한 것 같다. 첫째는 역사와 문화에 대한 상호 이해, 둘째는 민족동질성에서 민족공통성으로의 인식 전환, 셋째는 법제 개선이다.

1) 민족동질성에서 민족공통성으로의 인식 전환

우선, 고려인, 한인의 생활문화를 코리언의 민족 자산으로 수용하고, 민족공통성을 형성해 나가려는 한국인의 노력이 선행되어야 한다. 한국인 중심주의를 강화하거나, 한국의 기준으로 고려인, 한인의 문화를 재단하거나, 혹은 한국인의 생활문화에 고려인, 한인의 문화를 일방적으로 적응시키려는 방식에서 벗어나야 한다.[66]

> 우리 집, 우리나라 이런 것들이 되게 심한 거 같고, 지금 세상에 안 어울리는 거 같아요. 너무 폐쇄적이에요. '우리' 문화. 고려인들은 한국사람들에게 그러한 자기 것에 대한 자부심을 좀 배워야 하지만, 한국 사람들은 너무 우리, 우리 하는 거 같아요.[67]

> 한국사람들이 말하는 '우리'에 동포들은 없어요. 한국인들은 동포도 외

정적인 답변을 하였다. 한국인이 다수자이고, 고려인은 소수자인데 다수자가 변화하여야 새로운 문화창출이 가능하므로 현재로서는 새로운 문화창출의 가능성이 희박하다는 것이었다. 하지만 그녀 또한 다수자와 소수자가 함께 노력할 수 있다면 새로운 문화창출의 가능성은 분명 존재한다고 말하였다.

66) 우즈베키스탄의 고려인 학자 한발레리교수는 "'진짜' 한국사람과 닮고자 하는 모방의 노력은 열등한 한인집합체의 지위로 고려사람을 인도하는 것에 불과하다"고 갈파하고, 전통의 재생산은 변화하는 문화의 기반과 혼합됨으로써 이루어질 수 있다고 주장하였다(Valery Han, 「중앙아시아 한인들의 정체성 문제」, 『우즈베키스탄 한인의 정체성 연구』, 한국정신문화연구원, 2001, 113~115쪽).

67) 고밀라 인터뷰.

국인이라고 생각해요.[68]

한국사람들이 고려인을 받아들이지 않잖아요. 그래서 한국인들이 고려
인에 대해서 어떻게 생각하는지 궁금해요. 만난 한국인들이 모두 저한테
너는 한국사람이니까 한국말을 완벽하게 해야지 이렇게 말해요. 다른 나
라에 태어나도 나보고 한국사람이래요. 그런데 어떤 사람은 저보고 한국
사람이 될 수 없다고 말해요. 그냥 우리를 외국인으로 생각하는 사람이
더 많아요.[69]

고려인, 사할린 한인은 타민족 다민족 사회에서 수십 개의 민족과 섞
여 살면서 생활풍습과 생활의식을 변용시켜 오면서 독자적인 생활문화
를 창출해왔다. 예를 들면 어른에 대한 공경은 동양의 유교적 전통 속에
서 한국인과 고려인, 한인이 현대까지 전승해온 생활문화이다. 여기에
고려인, 한인은 서구적, 사회주의적 근대화의 영향을 받아 약자에 대한
배려와 공중도덕이라는 틀 속에서 노인과 여성에 대한 배려를 습관화해
왔다. 고려인과 한인의 이러한 문화를 민족 자산으로 끌어안고 민족공
통성이라는 관점에서 새로운 민족문화를 형성해나갈 때 코리언의 민족
생활문화는 한층 건강하고 풍부해질 것이다.

이를 위해서는 민족동질성을 강조하는 한반도 중심의 '한민족 단일문
화' 신화에서 벗어나 민족공통성[70]을 적극적으로 모색해가는 '한민족 다
문화'라는 발상으로 인식을 전환해야 한다. 그것은 코리언 디아스포라

---

68) 이진실 인터뷰.
69) 황옥사나 인터뷰.
70) 민족공통성은 코리언들이 각 지역에서 구축해온 가치관과 생활문화의 다양
성을 서로 인정하고, 상호 공명해가는 가운데 실질적인 교류를 통해 새롭게
만들어가는 미래기획적인 개념이다. 민족공통성의 개념에 대해서는 이병
수·김종군, 「코리언 정체성 연구의 관점과 방법론」, 『코리언의 민족정체성』,
선인, 2012, 37~42쪽 참조.

의 역사와 문화에 대한 이해를 바탕으로 이들의 문화를 있는 그대로 인
정하는 것에서 시작해야 한다. 그리고 한반도 주민과 코리언 디아스포
라의 문화 중 민족문화의 원형을 건강하고, 의미 있게 발전시켜온 내용
은 더욱 장려하고 서로 배우려는 노력이 뒤따라야 한다.

  한국의 적장자 의식을 강조하면서 이들을 위계적으로 대하는 태도에
서 벗어나 고려인과 사할린 한인을 동등한 형제로서 끌어안고 이들이
만들어온 또 하나의 생활문화가 갖는 긍정적인 요소를 수용하여 코리언
의 역동성으로 끌어안을 때 한반도의 문화적 토양은 더욱 풍성해질 것
이다. 통일이라는 미래 기획 속에서 생활문화의 통일은 단순히 전통문
화를 불러오는 것이 아니라 전 세계의 코리언들이 성숙시켜온 생활문화
의 긍정성을 모아 코리언의 민족문화를 확대재생산하는 과정이 되어야
할 것이기 때문이다.[71)]

2) 역사문화에 대한 상호이해

  다음으로는 고려인의 역사와 문화, 사할린 한인의 역사와 문화, 한국
인의 역사와 문화에 대한 상호이해가 이루어져야 한다. 고려인, 사할린
한인은 한반도 주민과 일제 식민지 경험을 함께 공유하는 존재였으나,
강제이주 및 소련과 한반도와의 국교 단절로 인해서 한반도의 상황과
유리된 존재가 되었다. 따라서 현재 한국인은 고려인과 사할린 한인의
역사와 문화에 대해 알지 못하고, 고려인과 사할린 한인 또한 한국인이
경험한 역사와 문화에 대해서 알지 못한다.

  고려인, 사할린 한인과 한국인이 문화적으로 충돌하는 가장 근본적인

---

71) 정진아 · 박민철, 「재러 고려인의 생활문화」, 『코리언의 생활문화』, 선인, 2012,
    191~192쪽.

원인은 길게는 150년, 짧게는 70년 이상의 역사적 단절로 인해 발생한 "서로에 대한 무지" 때문이다. 한국인은 고려인과 사할린 한인에 대해 전혀 모르거나, 혹은 "우리가 살기 힘들 때 도망간 사람들", "배신자", 그래서 민족 구성원이 아닌 존재라는 배제 담론을 형성하고 있는 것으로 드러났다.[72] 고려인과 한인 또한 한국에 대해 경제적으로 발전된 국가, 착하고 정 많은 우리와 똑같이 생긴 사람들이 모여 사는 나라라는 심리적이고 상징적인 상상된 모국 이미지만을 가지고 국내에 들어왔다가 그렇지 않은 한국, 한국인들을 만나면서 혼란을 겪었다.

> (친구랑) 러시아말을 쓰고 있었는데 옆에 있던 할아버지가 저보고 왜 한국에 왜 왔냐고 했어요. 너희 부모는 전쟁 때문에 다 도망간 사람들이다. 한국인도 아니면서 왜 왔냐고 했어요. 그런데 제가 한국 역사를 잘 모르니까 뭐라 말할 수가 없었어요. 그리고 뭐라고 해봤자 싸움만 날거 같아서 그냥 지나갔어요… 사람들이 어디서 왔냐고 물어볼 때 제 답변을 일본, 미국 정도로 기대하고 있어요. 그런데 러시아라고 하면 러시아에 한국사람도 있냐고 물어봐요. 러시아랑 그 주변에 살고 있는 한국인이 천만 명이 되는데 잘 모르는 거 같아요.[73]

> 한국사람들은 우리를 배신자라고 생각해요. 아니에요. 우리는 일본이랑 러시아 때문에 멀리 쫓겨간 사람들이에요. 러시아에서도 고려인들 한국 문화를 지키면서 살아왔어요. 그런 우리의 역사를 한국사람들이 어떻게 모를 수가 있어요?[74]

---

72) 신현준, 앞의 논문, 199쪽 참조. 심층인터뷰에 응한 대부분의 고려인, 사할린 한인 한국인에게 이런 말을 들은 경험을 가지고 있었다. 한국인의 인식의 기저에는 연해주에 이주한 후 러시아로 귀화한 농민들이 땅을 받았다는 교과서의 서술내용도 일정하게 영향을 미치는 것 같다.

73) 황옥사나 인터뷰.

74) 박류드밀라 인터뷰.

한국의 중고등학교 교과서를 검토한 결과, 일제의 토지조사사업에 따른 농촌의 피폐화를 서술하는 과정에서 일제의 토지수탈로 인해 농민들이 만주와 연해주, 일본 등 국외로 이주하였다는 내용이 간략히 언급될 뿐 코리언 디아스포라의 이주가 조선국가의 부정부패 및 대한제국의 국권상실이라는 국가의 책임 때문이라는 점이 명시되지 않고 있었다.[75] 이들이 그동안 강제이주와 강제징용 및 소련에서의 민족차별이라는 수난의 역사를 살았지만, 고려인, 사할린 한인의 독자적인 생활문화를 고수해왔다는 점 또한 교육되지 않고 있었다.[76]

고려인과 사할린 한인 역시 마찬가지의 상황이다. 이들은 조부모 세대에게 들은 단편적인 이야기, 88올림픽을 통해 듣게 된 한국의 눈부신 발전상, 한류 외에는 한국에 대한 정보가 거의 없었다. 그런 상태에서 국내에 들어온 이들은 생존과 적응의 필요성에 의해서 한국에 대한 정보를 수집하였다. 이때 이들이 접하는 정보의 주요 창구는 뉴스와 인터넷 기사, 한국 지인에게 들은 이야기, 종합편성 채널 방송 등으로서, 이러한 정보는 파편적이고, 편파적이며, 검증되지 않은 오류투성이의 정보로 가득 차 있다.[77]

---

75) 이는 교육부 검정을 마치고 2013년 출판된 고등학교 한국사 교과서 8종을 검토한 결과이다(김종수 외, 『고등학교 한국사』, 금성출판사, 2013, 5 · 339쪽; 권희영 외, 『고등학교 한국사』, 교학사, 2013, 243쪽; 한철호 외, 『고등학교 한국사』, 미래엔, 2013, 243쪽; 최준채 외, 『고등학교 한국사』, 리베르스쿨, 2013, 279쪽; 도면회 외, 『고등학교 한국사』, 비상교육, 2013; 정재정 외, 『고등학교 한국사』, 지학사, 2013, 284쪽; 주진오 외, 『고등학교 한국사』, 천재교육, 2013, 275쪽 참조).

76) 필자가 통일인문학 청소년 교실의 일환으로 2014년 5월 한양대학교 부속고등학교, 대원여자고등학교에서 "근현대사로 알아보는 한민족사 이야기"를 강의했을 때 대부분의 학생들은 조선족, 고려인, 사할린 한인, 재일조선인의 역사에 대해 "처음 듣는 이야기"라는 반응을 보였다.

77) 예를 들면 사할린 영주귀국자 이태엽 씨는 박정희 대통령이 소련과 접촉하여 자신들을 구제하려고 했으나, 미국의 반대로 무산되었다는 이야기를 했는데

이 문제를 해결하기 위해서는 남한 역사 중심으로 구성되어 있는 중
고등학교 한국사 교과서에 북한 역사뿐만 아니라 코리언 디아스포라의
역사와 문화를 함께 수록하여야 한다. 식민과 분단과 코리언 디아스포
라의 역사가 어떻게 결부되어 있는지, 코리언 디아스포라가 거주국에서
코리언의 문화를 어떻게 발전시키고 풍부화 시켜왔는지, 이들과 함께
하는 통일한반도를 만들어가기 위해서는 무엇이 필요한지를 체계적, 종
합적으로 이해할 수 있는 교육 커리큘럼을 개발하고, 언론매체 및 학교
와 시민단체 등지에서 실질적인 교육이 이루어져야 한다.[78]

또한 국내에 들어온 재외동포들을 위해 한국 역사문화 교육 프로그램
을 개발해야 한다.[79] 고려인, 사할린 한인이 집중적으로 거주하는 지역
자치단체의 지역주민센터, 노인정, 복지관에서는 이들의 언어정체성을
확보할 수 있는 언어교육과 역사문화 교육 프로그램을 체계적으로 지원

이는 전혀 근거가 없는 이야기이다(이태엽 인터뷰). 한혜인은 박정희 정권이
사할린 한인 문제를 제기하면서도 실제적인 해결책을 모색하기보다 권력의
정당성을 유지하기 위해 반일감정, 혹은 반공사상을 고취하는 기제로 활용하
였다고 주장하였다. 그는 또한 박정희 정권이 사회주의를 경험한 사할린 한
인을 북한이나 총련에 연결된 '잠정적 대남공작원'으로 인식하고 그들을 제외
한 우리라는 '한국인'의 경계를 구축해갔음을 밝혔다(한혜인, 「사할린 한인
귀환을 둘러싼 배제와 포섭의 정치-해방후~1970년대 중반까지의 사할린 한
인 귀환움직임을 중심으로」, 『사학연구』 제102호, 2011 참조).

78) 사할린 영주귀국자 이태엽 씨는 사할린 한인들이 이렇게 많이 왔으니 방송에
서도 사할린 한인의 생활풍속에 대한 내용을 방송할 수 있도록 도와달라고
필자에게 거듭 부탁하였다(이태엽 인터뷰).

79) 2010년 재외동포 기술교육 운영규정에 의거하여 사단법인 동포교육지원단이
설립되었지만, "동포들이 국내 산업현장의 취업활동에 필요한 기술·기능을
습득하고, 국내에서 습득한 기술·기능을 귀국 후에도 취업이나 창업에 적극
활용할 수 있도록 지원함은 물론, 모든 동포들이 안정적으로 국내생활에 조
기 적응할 수 있도록 체류 관련 상담 등 종합서비스를 제공함을 목적으로 한
다."는 설립목적에도 드러나듯이 동포교육지원단은 동포들의 기술교육과 거
주국에서의 창업교육 등 경제활동 교육에 주안점을 두고 있다(동포교육지원
단 홈페이지 http://www.dongpook.or.kr참조).

해야 한다.[80]

3) 법제 개선

다음으로는 국내 거주 고려인, 사할린 한인의 생활개선을 위한 법제적인 뒷받침이 이루어져야 한다. 그동안 한국정부는 조선족, 고려인, 사할린 한인, 재일조선인 등 코리언 디아스포라에 대해서 대한민국의 책임과는 아무런 연관이 없는 존재로 생각하고 '비시민'으로서 간주하여 외국인정책에 포괄해서 처우하는 정책을 펼쳐왔다.[81]

'재외동포법'이 있지만, 이는 국외 체류 동포들의 거주국에서의 성장과 발전, 안정적인 정착을 위해 만들어진 법으로서, 국내 체류 동포들의 인권을 보호하고, 생활안정을 도모하기에는 미비한 점이 많았다. 따라서 현재 재외동포법을 둘러싸고 개정론과 폐지론이 대립하고 있다. 개정론은 재외동포법 관련 사업이 외교통상부, 법무부, 교육인적자원부, 문화관광부, 통일부 등 정부내 여러 부서로 분산되어 있고, '재외동포법', '재외동포재단법', '재외국민등록법'으로 구분되어 있어 혼선을 주고 있으니 재외동포에 대한 모든 내용을 포괄하는 '재외동포기본법'을 제정하자고 주장하고 있다. 반면, 폐지론은 재외동포 관련법이 법마다 내용, 목적, 대상이 다르기 때문에 이를 단일법으로 규정하는 것은 곤란하니 재외동포법을 폐지하고, 하위 법령이나 지침을 통해 재외동포에게 실질

---

80) 최근 조례를 제정한 바 있는 광주시와 충청남도에서는 고려인과 사할린 한인을 위한 지원센터를 만들고, 언어, 문화교육을 제공할 것을 규정하고 있어 고무적이다「광주광역시 고려인 주민 지원 조례(광주광역시조례 제4291호, 2013.10.1)」;「충청남도 사할린 영주 귀국 주민 지원에 관한 조례(충청남도조례 제3895호, 2014.3.20)」참조.

81) 배덕호,「토론문」,『재외동포 법제 개선을 위한 토론회-방문취업제를 중심으로』, 2006 참조.

적인 도움을 주거나, 외국인 처우 전반을 개선하자고 주장한다.[82]

개정론과 폐지론은 모두 "모든 형태의 인종차별 철폐에 관한 국제협약"을 근거로 주장을 펼치고 있다. 하지만 개정론은 해방 이전 한반도를 떠난 동포는 주로 조선국가의 수탈, 일제의 억압에 의한 것이므로 그들을 우대하는 것은 과거의 인종차별과 인권유린을 원상복구시킨다는 의미를 지닌다고 주장하고 있고,[83] 폐지론은 외국인과 동포를 구분하자는 논의는 전형적인 '혈통주의'로서 모든 형태의 인종차별을 철폐할 것을 규정한 국제협약에 어긋나며 국제법적 책임을 피할 수 없다고 주장하고 있다.[84]

이러한 주장의 인식론적 배경에는 '외국인'과 '동포' 문제를 구분할 것인가, 동일시할 것인가 하는 근본적인 문제가 개제되어 있다. "모든 형태의 인종차별 철폐에 관한 국제협약"에서는 제1부 제1조 1항과 2항에서 모든 형태의 차별을 금지해야 함을 규정하면서도, 4항에서는 역사적으로 또는 구조적으로 차별을 겪고 있는 집단에 관해 실질적인 평등을 보장하기 위해서 일정 기간 또한 그들을 구제하는 특별조치를 취할 필요성이 있음을 명시하고 있다.

따라서 우리는 코리언 디아스포라에 대해 '역사의 조난자'[85]에 대한 '허용되는 차별'[86]이라는 시각을 가지고 동포정책을 수립해야 한다. 남

---

82) 양자의 주장에 대해서는 전재호, 「세계화 시기 한국 재외동포정책의 쟁점과 대안—재외동포법과 이중국적을 중심으로」, 『한국과 국제정치』 제24권 제2호, 2008, 121~127쪽 참조.

83) 이종훈, 「재외동포법 개정론과 폐지론의 합리성 검토」, 『재외동포법』, 사람생각, 2002, 59쪽.

84) 국회법제사법위원회, 『재외동포의 법적 지위에 관한 새로운 입법방향』, 2003, 정인섭, 「재외동포법의 문제점과 향후 대처방안」, 위의 책, 25~35쪽.

85) 박선영, 「사회통합을 위한 국민범위 재설정」, 『저스티스』 통권 제134-2호, 한국법학원, 2013, 405쪽.

86) 노영돈, 「재외동포법 개정방향에 관한 연구」, 『국제법학회논총』 제47권 제3호,

모든 형태의 인종차별 철폐에 관한 국제협약

1966. 3. 7 채택, 1969. 1. 4 발효, 1979. 1. 4 대한민국 적용,

당사국수 156개국

제1부 제1조

1. 이 협약에서 '인종차별'이라 함은 인종, 피부색, 가문 또는 민족이나 종족의
   기원에 근거를 둔 어떠한 구별, 배척, 제한 또는 우선권을 말하며 이는 정
   치, 경제, 사회, 문화 또는 기타 어떠한 공공생활의 분야에 있어서든 평등하
   게 인권과 기본적 자유의 인정, 향유, 또는 행사를 무효화시키거나 침해하
   는 목적 또는 효과를 가지고 있는 경우이다.

2. 이 협약은 체약국이 자국의 시민과 비시민을 구별하여 어느 한쪽에의 배척,
   제한 또는 우선권을 부여하는 행위에는 적용되지 아니한다.

4. 어느 특정 인종 또는 종족의 집단이나 개인의 적절한 진보를 확보하기 위한
   유일한 목적으로 취해진 특별한 조치는 그러한 집단이나 개인이 인권과 기
   본적 자유의 동등한 향유와 행사를 확보하는 데 필요한 보호를 요청할 때에
   는 인종차별로 간주되지 않는다. 단, 그러한 조치가 결과적으로 상이한 인
   종집단에게 별개의 권리를 존속시키는 결과를 초래하여서는 아니되며 또한
   이러한 조치는 소기의 목적이 달성된 후에는 계속되어서는 아니된다.

북의 주민과 코리언 디아스포라는 모두 '역사의 조난자'들이다. 우리는
자신의 의지와 상관없이 국가가 주권을 잃었고, 동족상잔의 비극을 겪
었다. 특히 코리언 디아스포라는 이 과정에서 고국과 분리되어 버려지
고 잊혀졌다. 이러한 코리언 디아스포라의 특수한 역사적 배경을 고려
한다면 오히려 4항의 차별철폐 조치에 의거하여 코리언 디아스포라의
권리를 촉진하고, 한국인과 평등한 생활을 보장하기 위해 일정한 기간

해외교포문제연구소, 2002, 100~103쪽 참조.

동안 특혜와 보호를 취하는 '허용되는 차별' 조치를 적극적으로 추진해야 한다.

구체적인 조치로서는 코리언 디아스포라를 '준내국인'으로 보호하고 우대하며 지원하는 포괄적인 '재외동포기본법'을 제정하여 이들을 보호해야 한다. 여기에는 이중국적과 영주권 등 이들의 현재 처지를 고려한 조치들도 포함되어야 한다. 또한 코리언 디아스포라가 다수 거주하는 지방자치단체에서는 '지원 조례' 및 '지원센터 설치' 등 적극적인 조치를 마련하여 이들의 주거안정과 행정·의료 서비스 제공, 언어 및 역사문화 교육, 한국인과의 소통 및 교류활동 등을 보장해야 한다.[87]

5. 맺음말

지금까지 고려인, 사할린 한인의 생활문화와 한국인과의 문화갈등 양상을 살펴본 후, 고려인, 사할린 한인의 문화공존을 위한 전제조건을 제시하였다. 그 결과를 정리하면 다음과 같다.

생활풍습을 살펴보면 사할린 영주귀국자를 제외한 고려인과 사할린 한인은 민족어를 거의 상실하였으나, 국내에 체류하면서 한국어를 재습득하고 있다. 유학생과 회사원들은 한국어를 한국생활 적응을 위한 문화자본으로 활용하고 있으나, 노동자들은 언어정체성 회복에 어려움을 겪고 있다. 의식주는 한국식과 러시아식, 중앙아시아식을 혼용한 생활문화를 가지고 있지만, 세시풍속은 사할린 영주귀국자를 제외하면 거주

---

87) 현재 광주광역시와 충청남도에는 각각 「광주광역시 고려인 주민 지원 조례(광주광역시조례 제4291호, 2013.10.1)」와 「충청남도 사할린 영주 귀국 주민 지원에 관한 조례(충청남도조례 제3895호, 2014.3.20)」가 제정되어 고려인과 사할린 한인의 정착과 자립을 지원하고 있어 고무적이다.

국에 있는 가족과의 분리, 한국에서의 고단한 생활로 인해 친구들과 친목을 도모하거나 재충전을 하는 시간으로 바뀌고 있다.

생활의식에서 고려인과 한인은 동양의 유교적 사유방식을 바탕으로 하면서 서양이 표방한 개인주의와 약자에 대한 배려, 공중도덕, 사회주의적 평등의식을 몸에 익혔으나, 강제이주와 강제징용이라는 수난의 역사를 극복하는 과정에서 친족과 민족공동체에 대한 애정을 강화해왔다. 또한 이들은 한민족으로서의 민족정체성과 러시아인, 중앙아시아인으로서의 국가정체성이라는 이중정체성을 가지고 있었다. 고려인과 사할린 한인은 거주국의 민족차별을 겪으면서 민족정체성을 강화해왔으나, 오히려 국내에서 민족 내 차별을 겪으면서 민족정체성이 약화되고 국가정체성이 강화되고 있는 것으로 드러났다.

국내에 거주하는 고려인, 사할린 한인과 한국인은 언어와 패션문화의 차이, 개인주의 대 집단주의, 권위주의 대 반권위주의 생활문화로 인해 문화갈등을 빚고 있었다. 거주국에서는 외모가 차별의 표식이었지만, 민족 내에서는 언어정체성의 부족과 화려한 패션문화가 오히려 차별의 표식이 되고 있었다. 또한 개인의 개성과 자아실현을 존중하는 풍토에서 성장한 고려인과 한인의 개인주의는 한국인의 집단주의 및 한국의 주류집단이 정해놓은 성공기준과 충돌하고 있었으며, 한국인의 권위주의는 나이와 직업, 신분상의 위계를 거부하는 고려인, 사할린 한인의 반권위주의와 갈등을 빚고 있었다.

고려인, 사할린 한인과 한국인의 문화갈등을 극복하고, 문화공존을 추구하기 위해서는 첫째, 역사와 문화에 대한 상호 이해, 둘째, 민족동질성에서 민족공통성으로의 인식 전환, 셋째, 법제 개선이 전제되어야 한다. 고려인, 사할린 한인과 한국인이 소통하지 못하는 이유는 역사와 문화에 대한 상호 이해가 부족하고, 한국인이 고려인, 사할린 한인의 문화를 한국 중심의 단일문화 속으로 동화시키려고 하며, 고려인, 사할린 한인을 지원하기 위한 법제적인 조치가 미비하기 때문이다.

고려인, 사할린 한인과 한국인의 문화갈등을 극복하고, 문화공존을 추구하기 위해서는 먼저 민족동질성을 강조하는 한반도 중심의 '한민족 단일문화' 신화에서 벗어나 민족공통성을 인정하는 '한민족 다문화'라는 발상으로 인식을 전환하는 한편, 고려인과 사할린 한인의 생활문화를 민족 자산으로 끌어안고 민족공통성이라는 관점에서 새로운 민족문화를 형성해나가려는 노력이 필요하다. 다음으로는 고려인, 사할린 한인과 한국인의 상호이해를 위한 교육커리큘럼을 개발하는 한편, 언론매체와 학교, 시민단체를 통해서 적극적인 교육이 이루어져야 한다. 마지막으로는 코리언 디아스포라에 대해 '역사의 조난자'에 대한 '허용되는 차별'이라는 시각을 가지고 재외동포기본법과 지원조례 및 지원센터 설치 등 생활개선을 위한 법제적인 조치들을 마련해야 한다.

위와 같은 전제조건 마련과 더불어 지금부터라도 동포를 대하는 한국인의 자세와 태도가 근본적으로 전환되어야 한다. 한국인이 어떤 자세로 동포를 대해야 하는가 하는 문제에 대한 해법은 고려인 고밀라 씨와 사할린 한인 이진실 씨의 이야기 속에서 단서를 찾을 수 있을 것이다.

> 굳이 비유하자면 본처 자식, 첩 자식이라고 하나요? 아버지는 똑같은 사람이지만, 엄마가 다른 게 한국인과 고려인의 관계인 거 같아요. 그래서 서로를 받아들이지 않는 거 같기도 하고. 같은 가족이라는 의식을 가지고 조금만 더 배려해줬으면 좋겠어요.[88]

> 사할린에서 온 사람들은 분명히 한국사람이랑 달라요. 하지만 그것은 구별해야 할 문제이지 차별해야 할 문제가 아니에요.[89]

---

88) 고밀라 인터뷰.

민족 내부에서 한국인 중심의 위계의식을 버리고, 코리언 디아스포라를 민족의 구성원으로 대우하며, 그들과의 생활문화적인 차이를 인정하여 한국인과 고려인, 사할린 한인을 구별하되 차별하지 않는 것. 이것이 바로 지금부터 우리가 코리언 디아스포라를 대할 대 견지해 나가야 할 자세와 태도이다.

---

89) 이진실 인터뷰.

제3장 이분법에 갇힌 조선사람:

국내 이주 재일조선인의 한국살이

김진환*

1. 머리말

분단을 극복하는 과정은 '제도의 통일' 뿐 아니라 '사람의 통일'도 함께 이루어가는 과정이다. 독일 역시 이미 1990년에 서독과 동독이 하나의 국가를 만들어냈지만, 그로부터 25년이 흐른 지금까지도 구서독 주민들과 구동독 주민들 사이에 놓인 마음의 장벽, 문화의 장벽은 아직도 두텁게 남아 있다.[1] 통일은 국가통합만으로 결코 완성될 수 없다는 교훈을 독일 통일이 보여주고 있는 셈이다. 우리 민족의 경우, 한반도의

---

 * 건국대학교 통일인문학연구단 HK연구교수.

1) 통일 이후 동서독 주민들의 문화 갈등에 대해서는 아래 책들을 참조. 김누리 외, 『머릿속의 장벽: 통일 이후 동·서독 사회문화 갈등』, 한울아카데미, 2006; 김누리 외, 『나의 통일이야기: 동독주민들이 말하는 독일 통일 15년』, 한울아카데미, 2006; 이기식, 『독일 통일 20년』, 고려대학교 출판부, 2011.

휴전선 이남과 이북에 각각 존재하는 두 국가가 하나의 국가로 합치는 과정이 '제도의 통일'이라면, 한반도 휴전선 이남과 이북 뿐 아니라 해외 곳곳에 흩어져 살고 있는 민족구성원 모두가 자유롭게 소통하며 첫째, 일제 식민지배, 강제이산, 남북분단 등으로 겪은 상처를 치유하고, 둘째, 가치관, 정서, 생활문화 등 여러 측면에서 만들어진 '차이'를 존중하고 나아가 새로운 공통성을 만들어가는 과정을 '사람의 통일'이라고 말할 수 있다.

'제도의 통일'과 '사람의 통일' 중에서 현재 한국인들에게 익숙한 통일론은 '제도의 통일'이다. 역대 한국 정부의 통일방안 역시 어떻게 정치·경제적 제도통합을 이루어낼 것인지에 초점을 맞춰 왔고,[2] 이러한 제도통합 중심의 통일론이 학교와 언론 등을 통해 오랜 시간 한국인들에게 익숙한 것으로 각인되어왔기 때문이다. 게다가 IMF사태 이후 한국경제

---

2) 남북 정부가 내놓은 역대 통일방안은 주로 정치·경제제도의 통합에 초점을 맞추고 있다. 1980년대 후반부터 2000년 6월 1차 남북정상회담에 이르기까지, 남북 정부가 각각의 고유한 외교·국방·내정권을 보유하면서 중앙정부를 수립하기 위한 '과도기'('남북연합' 또는 '낮은 단계의 연방')를 거쳐야 한다는 공감대를 마련해 온 점은 커다란 성과로 꼽을 수 있다. 하지만, 현재까지도 남한은 중앙정부 결성 시 지역정부의 해체를, 북한은 중앙정부와 지역정부의 공존을 통일국가의 모습으로 제시하고 있다는 차이점은 뚜렷하다. 이 과정에서 경제제도의 차이를 '인정'한 상태에서 이루어지는 경제협력이 조금씩 진전되고 있기는 하지만, 통일의 완성 형태로 자유민주주의(시장경제)를 설정하고 있는 남한과 사회주의와 자본주의의 공존을 통일의 완성 형태로 설정하고 있는 북한 사이의 차이 역시 전혀 좁혀지지 않고 있다. 무엇보다 큰 문제는 그동안의 남북 통일방안에는 제도가 아닌 사람의 통일을 어떻게 이루어낼지, 곧 사람 통일의 방법, 경로 등에 대한 체계화된 주장이 빠져 있다는 점이다. 정치·경제제도는 사람의 행위와 생각을 규정짓는 '틀'로 작용한다. 남북 주민은 매우 이질적인 정치·경제제도 아래에서 수십 년 간 떨어져 살아왔기 때문에 당연히 서로 다른 가치관, 정서, 생활문화를 만들어 왔다. 따라서 바람직한 통일론은 제도통합에 대한 논의뿐 아니라 서로 달라진 가치관, 정서, 생활문화를 확인하고 공통점을 확대해갈 수 있는 방법, 경로 등에 대한 주장까지 담고 있어야 한다.

의 구조적 한계와 문제점이 부각되고, 김대중·노무현 정부 시절 남북 화해·협력이 금강산 관광사업, 개성공업지구 설치처럼 주로 경제 영역 에서 성과를 거두면서 한국사회에서는 '남북통일이 경제적 활로가 될 것'이라는 식의 경제 중심적 통일론이 지배적 통일론으로 자리 잡고 있 다. 한국사회 구성원들이 작으나마 갖고 있는 해외동포에 대한 관심 역 시 일부 유명 인사의 자수성가(自手成家) 미담에 대한 관심을 제외하면, 대부분 그들이 지닌 '물질적 부'에 초점이 맞춰져 있다. 경제 중심적 동 포론인 셈이다.

통일과 인문학의 접목, '사람의 통일'에 대한 관심은 바로 이러한 통일 논의의 지형을 바꾸려는 성찰적이고 실천적인 작업이라고 말할 수 있 다. 예를 들어 통일이 가져다 줄 경제적 이익을[3] 중심에 두는 것이 아니 라, 나와 네가 분단, 대결, 이산 등으로 겪고 있는 '고통'을 감소시키고 나아가 제거해야 하는 것이 통일을 해야 하는 이유라는 주장[4]은 바로 현재 한국사회의 통일 논의를 지배하고 있는 경제 중심적 통일론에 대 한 비판적 문제제기로 평가할 수 있다. 또한 사람 중심의 통일론은 그동 안 제도 중심의 통일론에서 통일의 수혜자 또는 조국에 대한 경제적 기

---

3) 사실 통일이 경제적 이익을 가져다줄지, 손해를 끼칠지는 누구도 확답할 수 없다. 통일을 찬성하는 쪽에서는 경제적 이익을 가져다 줄 것이라고 상상하 고, 통일을 반대하는 쪽에서는 경제적 이익보다 부담이 더 클 것이라고 상상 하는 게 현재 통일 논의의 실상이다.

4) 이병수는 칼 포퍼의 공리주의 비판을 단초로 통일 문제를 윤리적 차원에서 사유할 것을 주장한다. "이런 맥락에서 통일의 이익 혹은 손실을 말하기보다 우리가 과거와 현재를 통해 겪고 있는 분단의 고통에 더 방점이 놓여져야 한 다. 미래의 어떤 도달 상태를 전제로 하는 득실의 계산보다 지금 당장의 고통 해소에 초점을 맞추어야 한다. 이는 고통의 성격에서 유래한다. 윤리적 차원 에서 볼 때 고통을 줄이는 것은 인간 삶에서 가장 우선적이고 절박한 문제이 다. 고통상황의 극복이 행복의 증진보다 더 기본적이고 중요하다." 이병수, 「통일의 당위성 담론에 대한 반성적 고찰」, 건국대학교 통일인문학연구단 사 상이념팀 엮음, 『통일에 대한 인문학적 패러다임』, 선인, 2011, 51~52쪽.

여자 정도로만 규정했던 코리언 디아스포라를[5] 통일의 당당한 '주체'로 자리매김 한다. 코리언 디아스포라는 지금 이 시간에도 조국 분단으로 인해 다양한 고통을 겪고 있고, 따라서 남북 주민과 마찬가지로 분단 극복에 절실한 이해를 갖고 있기 때문이다.

그렇다면 '조선사람'[6] 중에서 가장 다수 집단인 한국인은 경제적 어려움, 민족차별과 배제 등으로 고통 받고 있는 휴전선 이북의 조선사람, 코리언 디아스포라와 함께 '사람의 통일'을 만들어가기 위해 얼마나 노력하고 있을까? 한국인은 휴전선 이북의 조선사람, 코리언 디아스포라에게 공감하고 이들과의 평화로운 공존을 위해 어떠한 노력을 하고 있을까? 이 글은 현재 한국인이 다수자로서 지녀야만 하는 바로 이 '윤리적 의무'를 제대로 수행하고 있는지를 국내 이주 재일조선인[7]의 한국살이를 통해 돌아보는 글이다. 재일조선인은 일제 식민지배와 남북분단이 초래한 고통을 과거 식민 종주국이었던 일본에서 살아오면서 온몸으로 체험했고, 지금도 상처 받고 있는 조선사람이다. 곧 '고통의 현존성'을

---

5) 제도 중심 통일론에서는 다음과 같은 이유 때문에 코리언 디아스포라가 통일의 주체로 자리매김되기 어렵다. 첫째, 외국 국적 재외동포의 경우 남북통일에 관여할 수 있는 법적 근거가 없다. 둘째, 한국 국적 재외동포에게도 2007년부터 비로소 참정권이 허용됐다. 그 전까지는 한국 국적 재외동포 역시 외국 국적 재외동포와 마찬가지로 통일과 관련해서는 법적 무권리 상태였다. 이러한 이유들 때문에 코리언 디아스포라는 여전히 제도 중심 통일론의 관심 밖에 있다.

6) 이 글에서 '조선사람'은 현재 국적이나 출생지와 관계없이 일제 식민지배를 전후해서 한반도 뿐 아니라 세계 곳곳에 흩어져 살게 된 민족공동체(조선민족)의 구성원을 가리키는 단어로 사용할 것이다.

7) '재일조선인'이란 일제 식민지배 시절 일본으로 이주한 조선사람과 그들의 후손을 가리키는 용어다. 재일조선인이라는 호칭에 담긴 역사성은 이들의 현재 국적이 무엇이든, 생활터전이 어디든 관계없이 유지된다고 생각한다. 따라서 이 글에서는 한국적을 가진 한국 거주자, 일본적을 가진 한국 거주자 역시 현재 일본에 머무르지는 않더라도, 곧 '재일'이 아니더라도 '재일조선인'으로 부른다.

극명하게 보여주고 있는 조선사람이다. 따라서 국내 이주 재일조선인, 곧 자기 삶의 공간으로 가까이 다가온 재일조선인을 대하는 한국인의 모습은 한국인이 과연 통일을 타인의 고통에 대한 공감이라는 윤리적 차원에서 사유하고 있는지, 제도의 통일을 넘어서 사람의 통일을 위해 어느 정도 노력하고 있는지를 평가해주는 좋은 지표가 될 수 있다.

아래에서는 먼저 재일조선인의 국내 이주 역사를 세 시기로 나누어 간략히 정리해보고, 다음으로 국내 이주 재일조선인 12명의 증언을 토대로[8] 국내 이주 재일조선인의 한국살이가 보여주는 특징적 양상들을 크게 두 범주로 나누어 서술할 것이다. 끝으로 재일조선인의 국내 이주가 지금보다는 조금이라도 더 '행복한 이주'가 될 수 있도록 하려면 한국인이 어떠한 노력을 해야 하는지에 대해서도 초보적으로 논의해 볼 것이다.

국내 이주 재일조선인 인터뷰는 결혼, 취업, 유학 등을 이유로 최소 1년 이상 국내에 거주하고 있거나 거주할 예정인 이들을 대상으로 2014년 2월 13일부터 5월 23일까지, 여러 형태(1인, 2인, 4인 등)로 진행했다. 인터뷰는 먼저 인터뷰 취지를 구술자에게 소개한 뒤, 1) 한국으로의 이주와 정착과정, 2) 한국에서의 일상, 3) 한국인과의 문화적 갈등 순으로 연구자가 질문하고 구술자가 자유롭게 답변하는 방식으로 이루어졌다.

구술자 기본정보는 〈표 1〉과 같다. 연령은 재일조선인 3세대라고 할 수 있는 30~40대에 집중되어 있고, 남성에 비해 여성 구술자가 많은 이유는 자녀의 취학 문제를 해결하기 위해 만들어진 결혼 이주 재일조선

---

8) 이 글은 소수자의 목소리로 다수자의 행태와 의식을 평가하는 방법을 사용하고 있다. 재일조선인은 조선족, 고려인, 북한이탈주민처럼 결집된 단체나 집 거지가 없다. 국내 이주자 숫자도 이들에 비해 적다. 이에 따라 한국사회에서 재일조선인의 목소리는 유난히 더 들리지 않는다. 그래서 이 글에서는 재일조선인의 목소리를 드러내는데 일차적으로 주력했다. 다수자의 목소리, 곧 한국인이 말하는 재일조선인의 한국살이가 담겨 있지 않은 점은 이 글의 한계다. 한국인의 목소리는 이 글의 후속 연구를 통해 드러낼 계획이다.

<표 1> 구술자 기본정보

이름 (가명)	생년(나이)	성별	출생지	국적	이주년도	거주지	조선학교 경험	직업
김정숙	1973(41)	여	오사카	한국	2010	용인	초·중·고	일어과외
김수자	1979(35)	여	시가	한국	2005	서울	없음	주부
김미자	1978(36)	여	시가	한국	2006	서울	없음	주부
공정순	1980(34)	여	도쿄	한국	2010	김포	초·중·고	애널리스트
조미선	1976(38)	여	도쿄	한국	2013	서울	초·중	대학원생
조정미	1973(41)	여	도치기	한국	2003	서울	초·중·고	연구자
최성훈	1978(36)	남	교토	한국	2007	서울	없음	호텔리어
이성실	1979(35)	여	교토	한국	2013	김포	초·중·고	주부
이명희	1979(35)	여	교토	한국	2006	포천	초·중·고	사회복지사
이희성	1961(53)	남	홋카이도	한국	2001	서울	없음	대학강사
김성진	1971(43)	남	오사카	한국	2006	인천	없음	대학원생
김경식	1983(31)	남	오사카	한국	2002	서울	없음	회사원

인 모임의 구성원과 지인들을 주로 인터뷰했기 때문이다. 국내에 거주하고 있는 조선족이나 고려인과 달리 국내 이주 재일조선인은 집거하거나 단체를 구성하고 있지는 않은데, 이번 인터뷰의 구술자 대부분은 한국사회에 정착하며 발생하는 문제들을 해결하기 위한 모임이 필요하다는 데 인식을 같이 하고 있었다. 그리고 모든 구술자가 한국적인 이유는 '조선적'을 유지한 상태에서는 한국에서의 장기 거주가 거의 불가능하기 때문이다.9) 이 밖에 국내에 거주하고 있는 일본적 재일조선인 인터뷰를

---

9) 1980년대까지는 몇몇 특별한 경우를 빼고는 조선적 재일조선인의 한국 입국이 불가능했다. 그러다 1990년대 들어 조선적 재일조선인이 여행증명서를 발급받아 단기간이나마 한국을 왕래할 길이 열리게 됐다. 하지만 남북관계가 크게 악화된 2009년부터 조선적 재일조선인 여행증명서 발급 건수가 급증하더니 −2006년 8건, 2007년 0건, 2008년 7건에 불과하던 것이 2009년에는 279건(1,497건 신청, 1,281건 발급)으로 급증했다−2010년 '천안함 사건' 이후부터는 여행증명서 발급이 거의 이루어지지 않고 있다. 한편 2013년 12월 한국 대법원은 조선적 재일조선인 정영환이 한국 정부를 상대로 낸 '여행증명서 발급거부 처분 취소소송' 상고심에서 정영환의 청구를 기각한 2심 판결을 확정했다. 정부의 재일조선인 '선별 입국' 정책에 대법원이 손을 들어준 것이다. 김진환, 「재일조선인과 통일: 두 가지 고정관념에 대한 단상」, 지구촌동포연대(KIN) 엮음, 『조

진행하지 못한 점은 이 글의 한계이자 향후 과제로 남겨두고자 한다.

2. 재일조선인의 국내 이주 약사(略史)

재일조선인의 국내 이주(migration)는 크게 세 시기로 구분해 볼 수 있
다.[10] 첫째, 일제 식민지배 때 일본으로 이주했던 조선인들이 해방 이후
몇 년 동안 본디 있던 곳(한반도)으로 돌아오는 '귀환(歸還)'이 이루어졌
다. 이 시기에 얼마나 많은 재일조선인이 한반도로 돌아왔는지는 정확
히 파악하기 어렵다. 몇몇 연구자들이 연합국 최고사령부(GHQ), 미군
정, 일본 후생성 등의 자료를 활용해 근사치를 추정하고 있을 뿐이다.
한 연구에 따르면, 1945년 8월 당시 일본에 머물던 200만 명 정도의 조
선인 중에서 그해 8월부터 12월까지 매월 수십만 명이 귀환했고, 귀환이
어느 정도 완료되는 1947년 9월까지 약 180만 명 이상의 조선인이 한반
도로 돌아왔다고 한다.[11]

둘째, 대략 1960년대 초반부터 1990년대 후반까지는 한국으로 이주할
경우 한국에서 법적 무권리 상태라는 불편함을 감수하며 지낼 것인지,
아니면 일본 특별영주권[12]을 포기하고 영주 귀국할 것인지 양자택일해

선학교 이야기: 차별을 딛고 꿈꾸는 아이들』, 선인, 2014, 121쪽; 조경희, 「이동
하는 '귀환자'들: '탈냉전'기 재일조선인의 한국 이동과 경계의 재구성」, 신현준
엮음, 『귀환 혹은 순환: 아주 특별하고 불평등한 동포들』, 그린비, 2013,
226~227쪽.

10) 이 글의 시기 구분은 지극히 초보적인 시기 구분이다. 앞으로 한반도의 분단
구조 또는 냉전구조가 재일조선인의 국내 이주에 끼친 영향, 국내 이주 실상
등을 심도 깊게 연구함으로써 좀 더 엄밀한 기준에 따른 시기 구분을 시도해
볼 것이다.

11) 김인덕, 「해방 후 조련과 재일조선인의 귀환정책」, 『한국독립운동사연구』 제
20집, 독립기념관 한국독립운동연구소, 2003.

야 했던 시기다.

박정희 정부가 들어서면서, 한국전쟁, 이승만 정부의 재일조선인 '기민(棄民)정책' 등으로 막혀 있던 재일조선인의 합법적 국내 이주길이 다시 열렸다. 박정희 정부는 기민정책으로 일관했던 이승만 정부와 달리 북한과의 경쟁, 정통성 확보 차원에서 적극적으로 재일조선인 사회에 개입했는데,[13] 재일조선인 정책의 기본 방향은 재일조선인을 자유주의 이념으로 무장시켜 한·일 친선 증진에 기여하도록 하며, 이를 위해 가급적 일본에 영주하도록 한다는 것이었다.[14]

따라서, 재일조선인의 국내 이주도 국내 정착보다는 일본으로 다시 돌아갈 것을 염두에 둔 유학생 중심으로 이루어지도록 유도했다. 먼저 박정희 정부의 이러한 재일조선인 정책과 '재일본대한민국거류민단'(이하 민단)[15]의 후계자 육성 의도가 맞물려 1962년에 모국수학제도가 만

---

12) 일본 정부는 1991년에 재일조선인의 재류자격을 한국적, 조선적에 관계없이 '특별영주권'으로 일원화했다. 해방 이후 재일조선인의 재류자격 변화에 대해서는 아래 글 참조. 조경희, 「남북분단과 재일조선인의 국적: 한일 정부의 '조선적'에 대한 해석을 중심으로」, 『통일인문학』 제58집, 건국대학교 인문학연구원, 2014, 257~267쪽.

13) 조경희는 과거 한국 정부가 재일조선인에 대해 '무정책'으로 일관했다고 보는 시각은 "한국정부의 재일조선인 인식 자체를 문제 삼을 수 없게 만들며 결과적으로 재외동포문제가 분단체제와 깊은 관련이 있다는 점을 간과하게 만든다"면서, 북한과의 체제 경쟁, 국가 정통성 확보라는 맥락에서 한국 정부의 재일조선인 정책을 인식해야 한다고 주장한다. 조경희, 「이동하는 '귀환자'들: '탈냉전'기 재일조선인의 한국 이동과 경계의 재구성」, 신현준 엮음, 『귀환 혹은 순환: 아주 특별하고 불평등한 동포들』, 그린비, 2013, 218쪽.

14) 김태기, 「한국정부와 민단의 협력과 갈등관계」, 『아시아태평양지역연구』 3권 1호, 전남대학교 아시아태평양지역연구소, 2000.

15) 민단의 정식 명칭은 발족 이후 두 차례 바뀌었다. 민단은 1946년 10월 3일 '재일본조선거류민단'이라는 이름으로 발족했고, 대한민국 정부 수립 직후인 1948년 9월 28일 '재일본대한민국거류민단'으로 한 차례 이름을 바꾼 뒤, 1994년 4월 20일에 '재일본대한민국민단'으로 개칭해 오늘에 이르고 있다. 민단 홈페이지의 연혁(http://www.mindan.org/kr/shokai03.php) 참조.

들어졌다. 민단 중앙본부 문교국 내부 자료를 활용한 최근 연구에 따르면 재일조선인 모국수학 수료자는 1962년 11명으로 시작해 1970년 100명대로 늘어났다.16) 이 밖에 모국수학제도를 활용하지 않고 자비를 들여 직접 한국 대학에 장·단기 유학을 시도한 재일조선인도 있는데 이들의 정확한 규모는 알려져 있지 않다.17) 다만, 〈표 2〉(113쪽)의 유학생 통계는 모국수학생과 자비 유학생을 모두 포함하고 있는 것으로 판단되며, 따라서 유학생 통계에서 모국수학생 숫자를 빼면 자비로 유학 온 재일조선인 숫자를 대략 추정할 수 있을 것이다.

한편, 박정희 정부는 일본 영주 유도라는 기본 방침과는 별개로, 북한이 1970년대 들어 재일조선인 상공인에 대한 투자유치정책을 전면화하자 체제 경쟁 차원에서 한국적·조선적 재일상공인과 '재일본조선인총연맹'(이하 총련) 관련자에 대한 '정책적 회유'에 나섰다.18) 이러한 정책적 회유는 구체적으로 총련계 재일조선인의 모국 방문, 북한과의 체제 경쟁에 물질적 측면에서나 이념적 측면에서 도움이 될 만한 재일조선인의 선별적 '영주 귀국' 같은 형태로 이루어졌다. 박정희 정부가 1962년부터 거주국을 구분하지 않은 '교포 출입국 통계'를 만들다가, 1971년부터는 일본, 미국, 중국(현재 대만) 등 거주국이 구분되고, 입국자 직업,19) 입국자 여행 목적20) 등이 세분화된 '재외교포 출입국 통계'를 만든 것도

---

16) 윤다인, 「모국수학이 재일동포의 민족정체성에 미치는 영향에 관한 연구」, 서울대학교 석사학위논문, 2014, 45쪽.

17) 국제고려학회 일본지부 『재일코리안사전』 편찬위원회 편, 정희선·김인덕·신유원 옮김, 『재일코리안사전』, 선인, 2012, 144~145쪽.

18) 권혁태, 「'재일조선인'과 한국사회: 한국사회는 재일조선인을 어떻게 '표상'해 왔는가」, 『역사비평』 통권 78호, 역사비평사, 2007, 242~243쪽.

19) '입국자 직업' 세부 항목은 '공무원', '국회의원', '군인', '기술자', '상인', '언론인', '학생 및 교수', '문화', '종교관계', '국제기구요원', '기타' 등이다.

20) '입국자 여행 목적' 세부 항목은 '공용', '취재', '종교사회사업', '기술지도', '상용', '취업', '교육연구지도', '유학', '예술학술활동', '운동연예흥행', '영주귀국',

〈사진 1〉 1975년 9월 24일 국립
극장에서 열린 조총련계 재일동포
모국방문단 서울시민 환영대회
모습. 1975년 9월 13일 사상 첫
조총련계 재일동포 모국방문단이
모국을 찾았다. ⓒ국가기록원.

같은 맥락에서 이해할 수 있다. 아래 기사는 박정희 정부가 북한과의 체
제 경쟁에 재일조선인을 어떻게 '활용'했는지 잘 보여준다.

『동아일보』 1976년 7월 31일 /「모국 방문 조총련계교포 중 노부부 첫 영
주귀국」

지난해 추석 이후 모국을 다녀간 7천여 명의 조총련계 재일동포 가운
데 첫 영주귀국자가 나타났다. 진명숙 씨(75·군마현)와 일본인부인 스케
가와 도미 씨(55) 부부는 조총련에 속아온 과거를 청산, 고국에서 영주하
기 위해 31일 오후 대한항공기편으로 김포착, 오후 가족들의 품에 안겼
다. 진 씨는 19세 때 도일, 스케가와 부인과 결혼한 뒤 조총련계 유기장
에서 경품 관리를 하던, 조총련계 열성당원이었다. 그러나 진 씨 부부는
지난 4월 고국을 방문, 발전된 조국의 모습과 조국의 실정이 조총련의 선

'방문', '시찰', '기타' 등이다.

〈표 2〉 재일조선인의 국내 이주 1971~1983 (단위: 명)

연도	입국자 총수		입국 목적		
			취업	유학	영주 귀국
1971	남	28,175	0	471	99
	여	18,419	0	460	38
1974	남	50,738	1	968	52
	여	20,827	0	646	13
1975	남	53,721	0	481	61
	여	22,383	0	382	29
1976	남	62,175	0	320	98
	여	26,632	0	289	32
1977	남	65,771	0	438	84
	여	31,999	0	310	33
1978	남	74,880	15	265	94
	여	40,585	0	199	28
1979	남	75,700	9	359	62
	여	45,084	0	246	29
1980	남	73,726	0	273	55
	여	51,514	0	191	37
1981	남	73,777	213	952	48
	여	55,518	28	470	27
1982	남	75,042	412	1,492	68
	여	57,021	32	683	27
1983	남	72,020	353	1,460	62
	여	49,101	52	778	38

*1984년 이후에는 영주귀국자 숫자만 공개되어 있음.
출처: 법무부 홈페이지 출입국 관련 통계

전과는 아주 달라 귀국을 결심한 데다 도일하기 전 낳은 아들 진종운 씨 (44 · 미곡상 · 대구시 칠성동 2구 1291) 등 아들들이 "고국에서 같이 살 자"고 간청해 영주귀국을 하게 됐다는 것이나.

하지만 국내에 의지할 가족이 없거나, 자본이 많지 않았던 영주 귀국 자의 삶은 시작부터 순탄하지 못했던 것으로 보인다. 예를 들어 1979년 3월에 영주 귀국했던 노덕구 씨(귀국 당시 57세)는 호적을 다시 살려서 국적 취득 절차를 마무리하는데 6개월이라는 시간과 900만 엔을 모두

허비했고, 일본에서 가져온 승용차마저 세관에 묶여 버렸다. 돈이 떨어 져 여인숙을 전전하고, 일본에 있는 친지들에게 도움을 청하는 처지가 싫어 다시 일본으로 돌아가려 해도 돌아갈 길이 없었다.[21] 노덕구 씨가 믿고 찾아온 고국은 애초부터 이들을 제대로 맞이할 의지도, 준비도 없 었던 것이다.

전두환 정부가 출범한 1981년부터는 영주 귀국자 규모는 이전과 비슷 한 데 비해 취업 이주자와 유학생이 1970년대보다 크게 늘어났다(〈표 2〉). 하지만 한국 정부는 이들을 곧 '돌아갈 사람'으로 바라보며 법적으 로 매우 열악한 상황에 방치해두었다. 법무부가 1984년부터 1993년까지 재일조선인 '영주 귀국자' 숫자만 파악하고, 취업 이주자, 유학생 등에 대해서는 정확한 통계를 만들지 않은 것도 이들에 대한 한국 정부의 무 관심을 보여준다. 심지어 한국 법무부가 1994년부터 2000년까지 매년 발 간한『출입국관리통계연보』에는 재일조선인 이주 규모, 이주 계기 등을 파악할만한 통계가 아예 존재하지 않는다. 아래에 소개하는 기사 내용 처럼, 한국 정부는 법적으로 열악한 상황을 바꿔 달라고 요구하는 국내 이주 재일조선인들에게, 법적 무권리 상태에서 벗어나는 길은 '영주 귀 국' 밖에 없다는 식으로 대응했다.

『동아일보』 1991년 3월 3일 / 「재일교포 "주민등록 해달라" 헌법소원」
　　　한 재일교포가 재외국민이 국내에서 주민등록을 하려면 영주귀국확인 서나 여권무효확인서를 제출해야 한다는 규정은 주민등록법에 위배된다 는 이유로 헌법소원을 제기해 관심을 끌고 있다. 일본에서 출생성장한 뒤 지난해 3월 일본에서 유학차 귀국한 박정훈 군(19 · 외국어대 영어과 1 년 · 서울 종로구 종로6가)의 아버지 박순광 씨(69)는 최근 이광수 변호사 를 통해 낸 헌법소원에서 "재외국민의 주민등록요건으로 영주귀국을 요

---

21) 「'고국'이 이럴 수가…」, 『동아일보』 1981년 7월 23일.

구하고 있는 것은 부당하다"고 주장했다. 박 군은 지난해 9월 자신의 거주지 관할 동사무소인 종로5,6가동 사무소에 주민등록을 신청했으나 동사무소 측은 "재외국민이 주민등록을 하려면 영주귀국확인서나 여권무효확인서를 제출해야 한다"며 이를 거부했다. 박 씨는 이에 대해 주민등록법 제6조 1항에 「시장 또는 읍면장은 30일 이상 거주할 목적으로 그 관할 구역 안에 주소, 또는 거소를 가진 자를 등록하여야 한다」고 규정하고 있을 뿐이어서 마땅히 주민등록을 해줘야 한다고 주장하고 있다. 재일교포의 역사적 특수성에 비추어 영주귀국을 요구하는 것은 생활근거지로부터의 절연을 요구하는 비윤리적인 처사일 뿐 아니라 헌법(제2조 2항)에 규정된 재외국민보호정신이나 국민의 평등권에도 어긋난다는 것이 박 씨의 주장. (…) 이와 관련 박 씨는 "이번 헌법소원의 추이에 많은 재일동포들이 비상한 관심을 갖고 있다"고 전했다. 박 씨는 이 같은 관심은 그동안 재일동포들이 정부당국의 무관심 속에 푸대접을 받아 왔다는 피해의식을 갖고 있기 때문이라고 설명했다. (…)

한편 위 기사에는 박순광이 1989년 3월 한국 외무부에 '재일교포법적지위추진회'라는 법인 설립을 요청했는데, 한국 정부가 1년 8개월 만인 1990년 11월 "일본 정부 및 여론으로부터 불필요한 오해와 부작용을 불러일으킬 우려가 있다"는 이유로 법인 설립을 불허했다는 내용도 있다. 재일조선인의 법적 지위 문제 해결과 관련해 일본 눈치가 보여 더 이상 움직이기 어려우니, 한국에서의 생활이 불편한 게 싫으면 영주 귀국하든지, 일본으로 돌아가든지 둘 중 하나를 택하라는 게 1990년대까지 한국 정부의 방침이었던 셈이다.

셋째, 1999년 3월 공포된 '재외동포의 출입국과 법적 지위에 관한 법률'(이하 재외동포법)에 따라 법적 무권리 상태에서 어느 정도 벗어나게 됨으로써, 영주 귀국 압력을 덜 받으면서 좀 더 수월하게 국내 이주를 할 수 있게 됐다. 남북화해가 진전되면서 한반도 안보 불안이나 재일조선인 사회의 이념 대립이 줄어든 점, 한·일 월드컵, 일본의 한류 열풍 등으로 한국 이미지가 좋아진 점 등이 재일조선인의 국내 이주를 촉진한 정치적·문화적 조건이라면,[22] 비록 조선적은 제외되었지만,[23] 한국적·일본적 재일조선인에게 "대한민국에의 출입국과 대한민국 안에서의 법적 지위를 보장"(제1조)한 재외동포법 제정은 재일조선인의 국내 이주를 촉진한 법적 조건인 셈이다.

한편 재외동포법에 따라 국내거소신고제도가 시행되면서[24] 한국적 재일조선인(재외국민) 뿐만 아니라, 그 전까지는 일본인 출입국 통계에 포함되었을 일본적 재일조선인(외국국적동포)의 국내 이주 실태까지도 대략적으로나마 파악할 수 있는 가능성이 생겼다. '대략적'이라는 표현을 쓴 이유는 국내거소신고가 의무사항이 아니라 재일조선인이 재외동포법 혜택을 받기 위해 필요하면 선택할 수 있는 제도이기 때문이다. 이와 관련해 현재 한국 정부가 국내거소신고를 하지 않은 재일조선인까지 포함한 '전체' 국내 이주 재일조선인의 규모, 이주 계기 변화 등을 파악하고 있는지 확인해볼 필요가 있다. 1990년대 이후 과거에는 찾아보기

---

22) 조경희, 「이동하는 '귀환자'들: '탈냉전'기 재일조선인의 한국 이동과 경계의 재구성」, 신현준 엮음, 『귀환 혹은 순환: 아주 특별하고 불평등한 동포들』, 그린비, 2013, 223쪽.

23) 현행 재외동포법 제2조에서는 재외동포를 다음과 같이 정의하고 있다. "1. 대한민국의 국민으로서 외국의 영주권(永住權)을 취득한 자 또는 영주할 목적으로 외국에 거주하고 있는 자(이하 "재외국민"이라 한다). 2. 대한민국의 국적을 보유하였던 자(대한민국정부 수립 전에 국외로 이주한 동포를 포함한다) 또는 그 직계비속(直系卑屬)으로서 외국국적을 취득한 자 중 대통령령으로 정하는 자(이하 "외국국적동포"라 한다)" 이러한 정의를 따를 경우, 조선적 재일조선인은 '대한민국정부 수립 전에 국외로 이주한 동포'라 하더라도 '외국국적을 취득한 자'가 아니므로 재외동포법 적용 대상에서 제외되고 만다.

24) 현행 재외동포법의 관련 조문(제6조 1항) 내용은 다음과 같다. "① 재외국민과 재외동포체류자격으로 입국한 외국국적동포는 이 법을 적용받기 위하여 필요하면 대한민국 안에 거소(居所)를 정하여 그 거소를 관할하는 지방출입국·외국인관서의 장에게 국내거소신고를 할 수 있다."

〈표 3〉 재일조선인 국내거소신고 현황 (단위: 명)

연도	재외국민	외국적 동포	총계	거주지				
				서울	경기	부산	제주	4대 지역 거주자 비율*
2001**	–	119	119	62	23	18	1	87%
2002	–	148	148	73	34	19	5	88%
2003	–	198	198	92	31	26	8	79%
2004	–	232	232	117	42	27	9	84%
2005	5,496	276	5,772	2,705	864	610	565	82%
2006	6,508	325	6,833	3,217	1,055	706	641	82%
2007	7,581	362	7,943	3,755	1,252	815	707	82%
2008	8,602	382	8,984	4,215	1,455	901	778	82%
2009	9,278	438	9,717	4,531	1,584	962	845	82%
2010	9,947	499	10,446	4,910	1,696	1,033	774	81%
2011	11,572	637	12,209	5,673	2,152	1,181	858	81%
2012	12,836	748	13,584	6,309	2,438	1,252	929	80%
2013	14,096	793	14,889	6,808	2,677	1,398	1,036	80%
2014***	14,861	777	15,638	–	–	–	–	–

* 4대 지역 거주자 비율 = 4대 지역 거주자 숫자 ÷ 전체 거주자 숫자 × 100
** 2001~2004년은 재외국민 거소신고 통계가 법무부 홈페이지에 공개되어 있지 않음.
*** 2014년 재외국민 거주 지역별 통계는 2015년 1월 현재 발표되지 않았음.
출처: 법무부 홈페이지 출입국 관련 통계

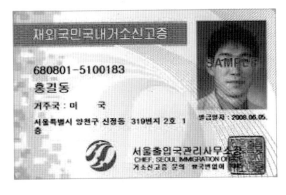

〈사진 2〉 재외국민이 출입국관리사무소에 거소신고를 하면 받는 신고증

어렵던 재일조선인 결혼 이주가 늘고 있는데, 이들에 대한 정책적 지원을 위해서도 이주 계기별 통계는 꼭 필요하다.

현재 법무부는 국내거소신고자의 국적별,25) 지역별 거주 통계만 공개하고 있다. 이에 따르면 2014년 12월 말 현재 국내거소신고를 한 한국적 재일조선인은 14,861명으로, 2005년 이래 10년 사이 무려 두 배 넘게 늘어났다. 일본적 재일조선인은 777명(남 209명, 여 568명)으로, 역시 2001년 대비 여섯 배 이상 큰 폭으로 증가했다. 재일조선인의 국내 이주가 2000년대 들어 급증했다는 통설이 통계로 확인된 셈이다(〈표 3〉). 지역적으로는 서울, 경기, 부산, 제주 등 4대 지역 거주자 비율이 80% 대를 넘을 정도로 거주지가 편중되어 있다. 다만, 4대 지역 거주자 비율이 2005년부터 2009년까지 82% 수준을 유지하다가 2010년부터 아주 조금씩 낮아지는 걸 보면, 아직은 확증하기 이르지만 재일조선인의 국내 거주지 편중 현상도 완화 추세에 있다고 볼 수도 있다.

3. 재일조선인의 한국살이

2014년 2월부터 5월까지 국내 이주 재일조선인 12명의 증언을 들어본 결과, 한국인은 국내 이주 재일조선인을 '진짜 한국사람' 아니면 '가짜 한국사람'이라는 '문화적 이분법'과 한국 국민 아니면 일본 국민이라는 '정치적 이분법'에 동시에 가두고 있다는 사실을 알 수 있었다. 국내 이주 재일조선인의 한국살이는 한국인이 만들어놓은 '이중적 이분법'이라는 굴레에 갇혀 있는 셈이다.

---

25) 법무부가 공개하고 있는 재외국민 거소신고 현황의 국적별 통계는 미국, 일본, 캐나다, 오스트레일리아, 뉴질랜드, 기타로 나뉘어 있다. 그런데 이 국적별 통계의 '일본'이라는 세부 항목에 적혀 있는 숫자는 엄밀히 따져보면 '일본적'이 아니라 이전 '거주국'이 일본이었던 한국적자를 가리킨다. 미국, 캐나다, 오스트레일리아, 뉴질랜드와 달리 일본, 한국은 이중국적을 허용하지 않기 때문이다.

1) '진짜 한국사람'과 '가짜 한국사람': 존중받지 못하는 차이

조선사람의 생활문화는 '한민족 다문화'[26]라는 개념까지 등장할 정도로 다양하게 변용되어 왔고,[27] 이처럼 변용된 조선사람 생활문화끼리의 만남은 필연적으로 다양한 갈등을 수반할 수밖에 없다. 그런데 이 갈등 과정에서 특히 어느 한 쪽이 무턱대고 자기 문화로의 동질화를 요구할 경우, 다른 쪽은 당혹감이나 불쾌감을 가질 수밖에 없다. 이번 인터뷰를 통해서도 이러한 당혹감과 불쾌감을 자주 확인할 수 있었다.

일본에서 대학을 마치고 미국에서 헤드 헌터로 일하던 김정숙은 아무래도 계약조건 같은 걸 꼼꼼히 따져보는 문화에 익숙하다. 그런데 이러한 김정숙의 개성이 한국인에게는 '일본사람다움'을 드러내주는, 곧 재일조선인이 문화적으로는 '역시 일본인'이라는 인식을 확증해주는 증거가 되기도 한다. 이 경우 과연 일본사회에서 살아가는 사람들이 모두 매사를 꼼꼼히 따져보는지, 또는 과연 그러한 모습이 '역시 일본인'이라고 단정할만한 증거가 될 수 있는 것인지는 중요한 문제가 아니다. 오직 '일본사람들은 좀스럽다'는 선입견만이 작동할 뿐이다.

> 동네 어린이집에 아이를 맡길 때였어요. 원장님께 어린이집에서 아이

---

26) "오늘날 한국사회는 다양한 이주민 집단과의 사회문화적 공존상황을 '다문화'라고 칭하는데, 이는 주로 다른 언어를 사용하는 다른 민족 출신과의 공존, 즉 '다민족 다문화' 상황을 연상하며 쓰는 것이다. 그러나 현재 국내 체류 외국인 주민의 반수 이상과 귀화자 대다수는 근대 초기의 이른바 '코리언 디아스포라'의 주류 집단인 중국 조선족 등 한민족 출신 재외동포 이주민이어서, 이들과의 사회문화적 공존 상황은 '한민족 다문화'라고 칭하는 것이 바람직하다." 정병호, 「한국의 다문화 공간: 문화의 창구, 시대의 접점」, 정병호·송도영 엮음, 『한국의 다문화공간』, 현암사, 2011, 40쪽.

27) 김진환·김종군, 「코리언 생활문화: 개념, 의의, 연구방법」, 건국대학교 통일인문학연구단 편, 『코리언의 생활문화』, 2012, 23~29쪽.

가 어떻게 지내게 되는지 이것저것 꼼꼼히 물어보니 "역시 일본사람이라
이렇게 꼼꼼한 건가요?"라며 불편한 내색을 했어요. 그러더니 "아무래도
한국 문화를 잘 모르는 것 같으니 남편에게 얘기할게요"라고 하더라구요.
제가 남편이 미국 출장 중이라 그랬더니 그럼 남편 돌아온 뒤에 말하자고
하더군요.

　주로 결혼 이주를 한 여성 구술자들은 일본에서 살면서 몸에 밴 타인
에게 폐를 끼치지 않으려는 태도나 사람 사이에서 어느 정도 '거리'를 지
키려는 태도 등이 한국인들의 지나친 관심이나 간섭과 부딪치는 경우가
많다고 알려줬다. 예를 들어 이웃이 자신에게 미리 알리지 않고 불쑥불
쑥 집으로 찾아온다거나, 10분만 이야기하고 간다고 해놓고 1시간 씩 머
무른다거나, 이웃이 상심할까봐 빨리 돌아가 주었으면 좋겠다는 의사를
'돌려서' 말하면 알아듣지 못하고 그대로 머무르는 일 등 당황스러웠던
경우를 비일비재하게 경험했다는 것이다. "좋게 말하면 정이 많은 것이
고 나쁘게 말하면 간섭이 심하다"(김정숙)고 볼 수 있는 경험을 하면서
재일조선인들은 한국인에 대해 알아나가거나 호감을 갖기도 한다. 예를
들어 이웃과 적극적으로 소통하는 편인 공정순은 자신이 이웃과 지내면
서 이제는 한국문화에 많이 익숙해진 것 같다며 다음 같은 이야기를 들
려줬다.

　얼마 전 휴일에 성실 언니네 가족이 저희 집에 왔는데 밥만 먹고 금방
일어나려고 하더라구요. 일본에서는 그렇게 하는 게 예의라서 그랬겠지
요. 그래서 오히려 제가 더 불편해지면서 좀 더 있다 가도 좋다고 말했습
니다.

　이명희 역시 아래와 같은 경험을 하면서 한국인의 '정'을 확인했다고
한다.

아이가 어린이집에서 처음으로 소풍을 갈 때 김밥을 싸오라고 했어요. 저는 일본에서 한 번도 김밥을 만들어본 적이 없어요. 그래서 같은 어린이집 다니는 엄마한테 김밥은 어떻게 만드는 거냐고 물었더니 그 엄마가 제 아이 김밥까지 그냥 싸줬어요. 역시 한국인은 정이 많다는 생각이 들었습니다.

하지만, 아래에 옮긴 구술자들의 대화처럼, 전혀 모르는 어른들, 또는 시어른들이 아이 상태나 육아 방식에 대해 이러쿵저러쿵 말하는 것은 몇 년이 지나도 좀처럼 편해지지 않고, 그로 인해 상처도 많이 받는다는 게 대다수 결혼 이주 재일조선인들의 고백이다.

너무 따뜻하게 키우는 것 같더라구요. 한국은. 항상 꽁꽁 싸매고 있고 (공정순). 맞아요. 면역이 떨어진다고 하거든요. 일본에서는. 양말도 안 신고, 얇게 입는 게 더 면역력을 키운다고 하는데 한국에서는 그냥 처음 봤던 아줌마들이 "아이고 왜 애를 이렇게 춥게 입혔어" 그러는 거에요. 갑자기 와서 애를 이렇게 잡으면서. 무서울 정도로. 너무 무서운 거에요. 그건 좀 제발 안 해주시면 좋겠는데(김정숙). "아이고 추워, 뭐 없어" 그러면서 이렇게 애를 덮어주려 그러고(공정순). 맞아요. 예. 예. 우리 애 둘 다 아토피가 심했어요. 이제 괜찮은데. 길을 걸으면 한 2, 3보 걸으면 사람들이 "왜 그랬어. 뭐 맥였어. 엄마 뭐 먹었어?" 다 물어보고 엄마 탓을 하고. 그래서 진짜 힘들었어요. 매일 울고 있었어요. 밖에 나오면. 일본 가면 관심이 없는데, 한국에 오면 "아 힘드시겠다" 이렇게 말하는 사람도 있고. 이렇게 좋은 점도 있고 나쁜 점도 있어요(김미자).

결혼 이주 재일조선인 여성에게 생활문화 '차이'나 서툰 한국어 표현은 시어른들과의 갈등 소재가 되기도 한다. 이번 인터뷰에서도 일본에서는 생일에 미역국을 먹지 않았기 때문에 결혼하고 처음 맞은 남편 생일 때도 미역국을 끓여야 된다는 생각을 못했는데, 그 일로 시어머니랑 조금 불편했다는 이야기(조정미), 좀처럼 아이를 안아주지 않던 시아버지가 오랜만에 아이를 안아주자 "아이가 많이 무겁죠?"라고 말했다가 "아이한테 그런 말 쓰는 거 아니다"라는 핀잔을 듣고 점점 더 시아버지와의 대화에 자신이 없어졌다는 이야기(김정숙), 어른들에게 순종적인 한국문화와 수평적 관계를 중시하는 일본문화의 차이 때문에 한국에서 시아버지를 대하는 일이 힘들었고, 시아버지 앞에서 무례하게 행동했다며 혼나기도 했다는 이야기(이명희) 등을 들을 수 있었다.

또한 결혼 이주 재일조선인 여성은 육아 과정에서 시어른들, 남편 등과 '언어 갈등'을 겪기도 한다. 이들에게 일본어는 가장 익숙한 모어(母語)다. 부모님이 어렸을 때부터 유독 "너는 한국인이다"라고 강조하며 키웠고, 이번 인터뷰 구술자 중에서 가장 유창하게 한국어를 구사했던 김경식조차 부모님과는 일본어로만 이야기했다고 한다. 현재 한국에서 대기업에 재직 중인 김경식은 한국인 직장동료들의 억압적 군사문화에 많이 대항하는 편인데, 모어가 지닌 '힘'을 아래처럼 말해주기도 했다.

> 직장의 한국인 동료들과 다툴 때가 있습니다. 그런데 말로 싸울 때는 결정적인 순간에 한국어가 잘 생각나지 않더라구요. 오사카 사투리로 싸우면 지지 않을 자신이 있는데.

반면에 아직 많은 한국인은 재일조선인이 일본어에 익숙해 진 역사적 배경을 이해하고 그들의 모어, 더 정확히 말하면 그들의 '모어의 권리'를 존중할 준비가 되어 있지 않다. 재일조선인과 한국인의 언어 갈등 현황을 보기 전에, 일단 재일조선인의 '모어의 권리'란 무엇인지 짚어보자.

서경식은 그의 책『언어의 감옥에서: 어느 재일조선인의 초상』[28]에서

---

28) 서경식 지음, 권혁태 옮김,『언어의 감옥에서: 어느 재일조선인의 초상』, 돌베개, 2011.

'모어'(mother tongue)와 '모국어'(native language)를 엄밀히 구분한다. 전
자가 "태어나서 처음으로 몸에 익힘으로써 무자각인 채로 자신 속에 생
겨버리는 언어"라면, 후자는 그의 모국인 조선의 국어–국가가 정해 교
육이나 미디어를 통해 인민에게 주입하는 언어–다. 이 책에서 서경식
은 유대인계 지식인 파울 첼란을 자주 호명하며 '모어의 벽'에 갇혀 있는
자신의 '복잡한 마음'을 드러낸다. 독일어가 모어인 파울 첼란은 나치 수
용소에서 부모를 잃었고 자신도 1년 반 동안 강제노동을 경험했지만
"자신의 부모를 죽인 자들의 언어로 시를 쓰는가"라는 비난에 대해, 이
미 '적의 것'이 되어 버린 독일어로 자신의 진실을 말할 수밖에 없다고
대답했던, 그리고 끝내 파리 센 강에 몸을 던져 자살한 지식인이다. 서
경식은 다음과 같이 파울 첼란과 자신의 처지를 동일시한다.

> 나 자신도 첼란과 마찬가지로 자신의 진실을 모어로밖에 표현할 수 없
> 다고 생각한다. 따라서 나도 일본어로 글을 쓰고 있다. 그러나 나에게는
> 모어가 일본의 식민지 지배에 의해 힘으로 덧씌워진 '덫'이라는 생각이 머
> 릿속에서 떠나지 않는다. 그 때문에 어떤 대상을 접하고 그 경험을 '아름
> 답다' 또는 '무섭다'와 같은 일본어로 표현할 때 그 표현이 어디까지 나 자
> 신의 것인지 의심스럽다는 감각이 있다.[29]

하지만 서경식은 모어의 벽에 갇힌 자신의 처지를 한탄하거나 항변하
는 데에서만 그치지 않는다. 첼란을 잘 아는 서경식이 첼란의 자살 이유
에 물음표를 남겨놓고 있기에 확언할 수는 없지만, 적어도 이 책에 소개
된 내용만 놓고 보면 첼란은 '모어의 권리'를 인정해주지 않는 '국어 내
셔널리즘', 곧 '모어=모국어=국민'이라는 등식에 집착하는 완고한 이데

---

29) 서경식 지음, 권혁태 옮김, 『언어의 감옥에서: 어느 재일조선인의 초상』, 돌베
  개, 2011, 33쪽.

올로기 앞에서 끝내 좌절한 것 같다. 그와 달리 서경식은 국어와 모어의 긴장과 모순을 깨달을 기회를 부여받은 소수자 디아스포라로서 다수자 인 모국의 조선인에게 '모어의 권리'를 적극적으로 요구한다.

서경식이 보기에 조선어에는 의성어, 의태어, 절대경어 - 나이의 많고 적음이 기준이 되는 경어 - 처럼 "일본어를 모어로 하는 사람들에게는 넘기 힘든 험준한 벽"이 존재한다. 그의 글을 찬찬히 읽어보면, 서경식 은 재일조선인에게 이 벽을 반드시 넘어서야 한다고 제안하지는 않는 다. 이는 그가 보기에 "모어의 교환"이라는 거의 불가능에 가까운 과제 이기 때문이다. 이보다 그는 조선어가 모어인 다수자(한국인)가 소수자 (재일조선인)와의 '차이'를 인정하고 이해해야 한다는 입장에 선다. 그의 바람은 소박하면서도 의미 깊다. 재일조선인을 "서로 다른 모어를 지닌 같은 공동체의 일원"으로 받아들이는 것을 "디아스포라와 본국의 동포 들 모두의 공동목표"로 삼자는 것이다.[30]

그러나 국내 이주 재일조선인을 대하는 한국인의 태도는 이러한 서경 식의 바람과는 거리가 멀었다. 김정숙의 말을 들어보자.

> 결혼하고 처음 맞은 추석 때 다른 어른들 계시는데 아버님이 이러셨어 요. "아이고 어떡하지 며느리가 한국말 못해가지고 아들, 딸도 한국말 못 하면 어떡하지". 너무 섭섭해요. 그래서 나는 아이에게 일본어를 안 시켰 어요. 지금까지. (시댁에) 갈 때마다 그런 싫은 소리를 듣는 게 너무 한계 가 있어가지고. 가끔 친정에 가거나 누가 왔을 때는 "이모는 한국말 못 한다" 이렇게 가르치면서 "일본어 조금 해야겠다" 하니까 조금씩은 하더 라구요.

---

30) 김진환, 「서평: 감옥 안에 핀 민들레의 노래」, 『황해문화』 2011년 여름호(통권 71호), 새얼문화재단, 2011.

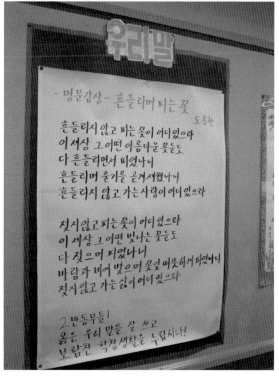

〈사진 3〉 재일조선인들이 일본에서 힘겹게 꾸려나가고 있는 '조선학교' 중 하나인 도꾜조선중고급학교 교문(위)과 이 학교 교실 벽면에 게시되어 있는 우리말 공부용 시(아래). ©통일인문학연구단.

한국인은 재일조선인에게 "왜 우리말을 못하느냐?"고 핀잔하면서도, 재일조선인이 일본에서 자라면서 우리말을 배울 여건이 갈수록 악화되고 있는 현실에는 별다른 관심이 없는 편이다.

구술자들은 시어른들이 어차피 아이는 한국에서 살 거라면서 아이에게 아예 한국어만 쓰도록 하는 집도 있다는 사실을 알려줬다. 아래 소개하는 이성실의 증언처럼 국내 이주 재일조선인에게 '아이에게 모어를 쓸 권리'는 당연히 존중받아야 하는 권리가 아니라 여전히 한국인과 갈등을 겪으며 '획득해야만' 하는 권리로 남아 있는 셈이다.

> 일본에서 첫 딸을 낳은 뒤 아이에게 어느 말을 써야 할지를 두고 남편과 다퉜어요. 남편은 아이가 한국에서 살 것이기 때문에 제게도 무조건 한국어로만 이야기하라고 했어요. 심지어 한국어를 못 하는 제 부모님에게까지 아이 앞에서는 한국어를 써 달라고 부탁했어요. 그렇게 지내다 제가 남편을 설득했어요. 내가 쓰는 한국어가 제대로 된 한국어가 아니니까, 아이가 나한테 한국어를 배우면 한국에서도 힘들 것이라고. 그렇게 해서 아이에게 남편은 한국어로, 저는 일본어로 이야기하기로 합의 봤어요.

이와 달리 이명희는 "아이들이 한국에서 살아가야 한다면 한국어를 더 잘 쓰는 것이 좋다고 생각해서 아이들에게 서툴더라도 한국어로만 말하려고 노력했다"고 한다. 하지만 그렇다고 해서 그가 '아이에게 모어를 쓸 권리'를 완전히 내려놓고 있지는 않은 것 같다.

> 아이들이 일본에 가 있을 때 일본어를 곧잘 알아듣습니다. 요즘은 일본어를 쓰지 않은 게 조금 후회가 되고, 앞으로는 아이들에게 좀 더 많이 일본어를 써보려 합니다.

한편 주로 유학, 취업을 계기로 이주한 남성 구술자들은 이번 인터뷰에서 거의 공통적으로 한국사회의 '군사문화', '권위주의적 문화', '패거리 문화' 등을 문제시하고 있었다.

남자라면 군대를 다녀와야 하고, 군대를 다녀와야 '사람'이 된다는 군사문화는 징병제를 시행하고 있는 한국사회 남성 대다수가 지닌 인식이라는 데 이견을 달기 어렵다. 2007년에 이주해서 한국에서 7년 가까이 직장생활을 하고 있는 최성훈은 군대식으로 회사를 운영하던 경영자 때문에 힘겨웠던 경험을 토로했다. 일본에서도 직장생활을 했고, 이주 초기 한국에서도 직장생활을 했던 이희성 역시 한국 직장이 훨씬 위계적이고 권위주의적이라고 평가했다. 특히 김경식은 자신의 '배려'가 김경식의 '일본사람다움' 또는 '군사문화를 모르는 사람'임을 입증하는 증거가 된 경험을 했다.

> 회사에서 선배 한 명과 함께 부산으로 출장을 갔습니다. 방을 하나만 잡았기에 선배에게 침대에서 올라가서 주무시라고 했더니 "역시 넌 일본인이라 경계가 분명하구나. 우리는 모두 군대를 다녀와서 침대에서 같이 자는 게 익숙한데"라고 말하더군요. 그런 상황에서 왜 군대 얘기까지 꺼내는지 모르겠습니다. 뭔가 따라하지 않아도 역시 넌 일본사람이라고 비난합니다.

요컨대 재일조선인들의 한국살이를 들으며 확인할 수 있었던 한국인들의 부끄러운 초상은 '한국문화'와 '일본문화'를 머릿속에서 나름대로 구분해놓은 뒤, 한국문화에 익숙한 재일조선인은 '진짜 한국사람', 일본문화에 익숙한 재일조선인은 '일본사람' 또는 '가짜 한국사람'으로 규정해버리고 비난하는 것이었다. '진짜 한국사람'과 '가짜 한국사람'은 이성실에게 들은 단어다.

> 진짜 한국사람과 가짜 한국사람이 있는 것 같아요. 저희 집은 일본에서도 제사를 지냈는데 남편네는 제사를 안 지냈대요. 그러면서 남편이 "나는 제사를 안 지내도 한국사람이다. 근데 너는 제사를 지내야 한국사람이 되는 거 아닌가"라고 말했어요. 그 때 생각했어요. 아 그래서 우리

부모님이 1년에 한, 두 번이라도 제사를 지냈구나.

사실 특정 한국인이 특정 재일조선인과 대화할 때 주장하는 '한국문화', '한국식', '일본문화', '일본식' 등은 김수자가 아래 증언에서 잘 지적하고 있듯이 객관적 실체가 있다기보다는, 모호하고 주관적인 구성물에 가깝다.

> 솔직히 김치찌개라고 해도 한국사람들 보면 이 집의 김치찌개랑 저 집의 김치찌개랑 다 다르잖아요. 그런데 어머니 맛만 한국음식이라고 생각을 하니까 어머니 맛이 아닌 김치찌개 만들면 "이게 일본식"이라는 말을 해요.

그럼에도 불구하고 한국인은 자신의 모호하고 주관적인 잣대를 토대로 재일조선인의 '진짜 한국사람' 여부를 판명하려 한다. 한국인이 국내 이주 재일조선인에게 자주 하는 "한국사람 다 됐네", "한국사람이 그런 것도 몰라" 같은 말의 배경에도 바로 이러한 문화적 이분법이 놓여 있다. 예를 들어 최성훈은 자신이 "홍어삼합이나 순대를 먹을 때" 직장동료들이 "한국사람 다 됐네"라는 말을 했다고 한다. 공정순도 할머니가 자주 해준 덕분에 한국음식이 익숙했고, 그래서 한국에 와서도 매운 음식을 잘 먹었을 뿐인데 그 때문에 한국인들과 사귀기가 수월했다는 이야기를 들려줬다. 조정미도 유창한 한국어 구사를 '진짜 한국사람'의 징표로 삼는 한국인의 태도 때문에 다툰 경험이 있다고 한다.

> 아파트 경비원 아저씨랑 한바탕 한 적이 있어요. 경비실에서 맡아둔 물건을 찾아가라고 전화를 한 모양인데 제가 잘 못 알아들으니까 '한국산 지 몇 년이나 지났는데 그렇게 말을 못해'라며 화를 내더라구요.

그렇다고 이들이 '진짜 한국사람'으로 인정받기 위해, 좀 더 정확히 말하면 '가짜 한국사람'이라는 소리를 듣지 않기 위해 그들에게 '낯선' 문화에 익숙해지는 건 결코 쉬운 일이 아니다. 물론 김경식처럼 한국어에 익숙해지는 수준을 넘어, 한국어가 모어인 한국인보다 더 한국어를 잘 구사하고 싶다는 의지까지 가지고 있는 구술자도 있다.

> 직장에서 맞춤법 시비가 붙을 때면 제가 맞는 경우가 더 많습니다. 프리젠테이션을 할 때도 한국동료들에게 밀리지 않기 위해 사전에 집에서 30번 정도는 연습하고 나갑니다.

그러나 대부분의 구술자들, 특히 일본에서 우리말을 배운 조선학교 출신 구술자들 역시 한국어가 외국어나 다름없었다고 말했다. 조선학교에서 배운 우리말이 여러모로 한국어와 달랐기 때문이라는 게 공통된 증언이다. 또한 재일조선인들은 한국문화에 익숙해지려 노력하면 할수록 자신의 모어나 일본에서 살면서 몸에 밴 습관, 정서 등과 의식적으로 '거리두기'를 하려는 자기 모습 때문에 불편함을 느끼기도 한다. "왜 이곳에서 살면서도 일본 개그 프로그램은 꼬박꼬박 챙겨보는지 모르겠다"는 조정미의 말에서도 이러한 불편함의 일단이 느껴졌다.

결국 국내 이주 재일조선인은 힘들고 불편하더라도 낯선 문화에 익숙해지려 계속 노력하거나, 김성진처럼 "한국사람들이 나보다 더 제사 지내는 법을 모르던데요"라면서 오히려 자신을 가짜 한국사람으로 규정하는 진짜 한국사람이 오히려 가짜 한국사람이라고 논박하거나, 아니면 이희성처럼 아예 문화적 이분법에 별다른 신경을 쓰지 않음으로써 이분법의 굴레를 벗어나려는 선택을 한다.

2001년에 한국에 온 이희성은 이주 초기에 한국어 공부도 열심히 하면서 그의 표현을 그대로 옮기면 "완벽한 한국사람"이 되려고 노력했다고 한다. 하지만 "이제는 그런 생각을 버리는 게 낫겠다고 생각하는 중" 이라고 말했다. 그는 한국에서 살면 살수록 "내가 친일파가 되어버린 게 아닐까?"라는 생각이 들 정도로 "역시 나는 일본문화와 가깝다"는 생각을 하게 됐고, 이후부터는 자신이 쓰는 한국어가 다른 사람들에게 어떻게 들릴지를 의식하지 않게 되었다고 한다. 달리 표현하면 한국인이 자신을 '진짜 한국사람'으로 볼 지, '가짜 한국사람'으로 볼 지 신경 쓰지 않는 것이다.

한국문화 아니면 일본문화, 진짜 한국사람 아니면 가짜 한국사람이라는 문화적 이분법은 일본에서 살 때나 한국에서 살 때나 재일조선인에게 끊임없이 '문화적 자기증명'을 요구한다는 점 때문에 억압적이고 폭력적인 인식 또는 태도라고 평가할 수 있다. 그런데 재일조선인의 한국살이를 듣다 보면 바로 이 문화적 이분법보다 훨씬 더 억압적이고 폭력적인 이분법을 또 한 가지 확인하게 된다. 바로 국민국가의 경계선을 두텁게 쌓는 '정치적 이분법'이다.

2) '애국자'와 '반쪽발이': 민족 앞에 있는 국가

> 대기업 공채에 지원해 합격했습니다. 국내 영업 부서로 배치된 뒤 첫 회식 때 자기소개를 하자, 처음 나온 질문이 "독도가 누구 땅이라고 생각해?"였습니다.

한국사회가 재일조선인에 대해 거의 아는 바가 없었던 먼 과거에 일어난 일이 아니다. 2000년대 이후 재일조선인의 국내 이주가 급증하면서 재일조선인에 대한 이해가 사회적으로 확산됐다고 평가받고 있던, 2012년 가을 서울 한복판에서 일어난 일이다. 김경식은 한국의 한 대학에서 유학 생활을 시작하던 2002년만 해도 "한국 사람을 가족이나 형제처럼" 생각했던 사람이다. 하지만 2000년대 초반 그의 주변 학생들에게 재일조선인은 '낯선 존재' 또는 '일본인'이었다. 재일조선인에 대한 기본적 이해조차 없던 학우들이 갖고 있던 '한국인 아니면 일본인'이라는 이분법에 갇혀 괴로워하던 그를 치유해준 건 한 시간강사였다.

한국 유학 초기에 같이 수업을 듣던 학생들은 재일조선인이라는 존재에 거의 아는 바가 없었습니다. 그들에게는 '한국인 아니면 일본인'이라는 인식 밖에 없었습니다. 저는 없는 존재 같았습니다. 그러다 3학년 때 인류학개론 강사가 제가 재일조선인이라는 사실을 알고 '재일조선인, 그들은 누구인가'라는 특별 수업을 따로 진행했습니다. 이 덕분에 유학 초기에 받았던 상처도 어느 정도 치유된 것 같습니다.

한국인이 국내 이주 재일조선인의 국가 귀속의식을 떠보고 싶을 때 하는 질문은 진화하며 재일조선인에게 상처를 입히고 있다. 예를 들면 '독도 소유권' 질문과 '축구 응원' 질문("한국과 일본이 축구를 하면 어디를 응원할건가?")에 이어 최근에는 새로운 질문이 하나 추가됐다고 한다.

독도가 누구 땅이냐, 축구할 때 누구 응원할거냐는 질문은 너무 자주 받았습니다. 축구 질문을 받고 성의 있게 말할 때는 양쪽이 싸우면 대한민국, 둘이 싸우지 않으면 가능하면 양쪽 다 잘 되면 좋겠다고 말합니다. 한국과 일본이 싸울 때 한국은 져도 다음 라운드에 올라가고 일본은 이겨야만 올라간다면 일본을 응원하자고 합니다. 귀찮을 때는 그냥 대한민국이라고 대답합니다. 그런데 소치 동계올림픽 때는 "김연아냐, 아사다 마오냐?"라는 질문까지 받았습니다. 그런 질문을 할 때 사람들의 눈빛이 약간 이상해져요. 자연스럽게 나오는 질문이기도 한데 뭔가 그 대답에 대해서 질문한 사람도 뭔가 경계를 하고 있다고 할까. 만약 제가 그냥 일본이라고 하면 많이 어색하게 되잖아요. 그런 가능성까지 포함된 질문이라는 걸 질문한 사람이 의식적으로 알고 있는 것 같았습니다.

역시 먼 과거가 아니라 2014년 2월에 일어난 일이다. 최성훈은 2007년 한국에 들어와 7년 가까이 직장생활을 하며 한국과 일본이라는 두 국가 사이에서 선택을 강요하는 것 같은 질문을 많이 받았다. 이런 경험을 하며 그는 한국인 동료들과의 관계를 고려해 나름대로 '복잡한 정답'을 마련해둔 것 같다. 하지만 이 복잡한 정답 속에도 자신이 나고 자란, 그리고 지금도 영주권을 갖고 있는 일본이라는 국가에 대한 귀속의식을 완전히 버리고 싶지는 않다는 생각이 배어 있다. 젊은 재일조선인에게 양자택일을 강요하는 것은 사실 그들이 나고 자란 '고향'을 부정하라는 것과 같은 요구인데도 한국인들은 서슴없이 정치적 이분법이라는 칼을 그들에게 휘두르고 있다.

구술자 중에 이 칼날에 가장 큰 내상을 입은 이는 김경식이다. 12년 전에 한국인을 가족, 형제처럼 생각하고 한국에 온 김경식은 이제 "내가 한국인이라는 게 부끄러울 정도"라고 말한다. 앞에서 소개한 대학 시절 경험, 첫 회식에서 독도 질문을 받았다는 이야기 말고도 그가 들려준 이야기들은 한국인들이 얼마나 재일조선인에 대해 무지한 지, 상대방 처지에 대한 배려가 부족한 지 등을 일깨워준다.

> 아버지는 "치유가 필요한 사람끼리는 결혼하지 않는 게 좋다"며 재일조선인과의 결혼은 반대하고 한국인과의 결혼을 권유했습니다. 마침 재일조선인 문제를 연구한 덕분에 제 처지, 상처 등을 잘 이해해주는 한국인 아내를 만났습니다. 그런데 지금도 아내 쪽 친척들은 저를 볼 때마다 농담처럼 "일본양반, 일본양반" 하십니다. 저나 아내나 그런 태도가 마음에 들지는 않지만 꼭 참고 있습니다.

> 직장에 유독 저를 미워하는 선배가 있습니다. "반쪽발이", "일본새끼" 하며 저를 때리기도 했습니다. 직장사람들도 제가 마음에 들면 한국인, 싫으면 일본인으로 대합니다. 경계나 기준이 불분명한 것 같습니다.

〈사진 4〉 독도, 한·일 축구, 김연아와 아사다 마오는 한국인이 재일조선인에게
정치적 자기증명을 요구할 때 하는 단골 질문 소재다.

한국에서 8년째 대학원을 다니고, 김경식과 마찬가지로 한국인과 결
혼한 김성진도 '반쪽발이'라는 욕설의 피해자다.

　일본에서 찾아온 친구와 함께 인천 차이나타운에서 술을 먹고 있었습
니다. 일본어로 이야기하고 있으니까 옆에 있던 할아버지가 일본 사람이
냐고 물었습니다. 그래서 재일동포고, 한국 국적자라고 설명했더니 왜 한
국사람이 일본말을 쓰냐며 "반쪽발이"라고 욕을 했습니다.

지금까지 소개한 김경식, 최성훈, 김성진 등은 조선학교 재학 경험이 없었고, 따라서 국내로 이주하기 전에 한국, 한국인에 대해 '선입견'을 가질 기회도 없었다고 증언했다. 이와 달리 조선학교에서 교육 받은 구술자들에게는 과거 한국은 정치적 자유가 없는 독재국가, 한국인은 그러한 독재국가와 맞서 용감하게 싸우는 사람이라는 선입견이 있었다. 조선학교에서 배운 한국현대사는 독재에 반대해 민주주의를 쟁취해 온 역사였기 때문이다. 요컨대 공정순, 조정미, 이성실 등 조선학교 출신 재일조선인들은 거의 공통적으로 한국, 한국인은 "무서운 존재"라는 선입견을 갖고 국내로 이주했다. 구술자 중에서 국내 거주 기간이 가장 짧은[31] 이성실은 한국, 한국인에 대해 선입견을 갖고 있던 조선학교 출신 재일조선인들이 이주 초기에 누구나 지녔을법한 '두려움'을 아래처럼 말해줬다.

> 큰 딸이 동네 어린이집에 다녀서 동네 엄마들을 볼 기회는 자주 있습니다. 그런데 쉽게 말을 붙이거나 먼저 다가가지 못하겠습니다. 한국인들이 일본에서 온 저를 어떻게 바라보고 있을지, 한국인의 시선이 두렵습니다. 일본에서도 차별을 받았는데, 이곳에서 일본에서 왔다는 이유로 또다시 차별받을까봐 두려워요. 그래도 큰 딸 교육 때문에라도 용기를 내서 동네 엄마들과 친해져볼 생각입니다.

만약 이성실이 용기를 내서 한국인에게 다가갔을 때 처음 만난 한국인이, 또는 두려움 때문에 쉽게 한국인에게 다가가지 못하고 있을 때 먼저 다가온 한국인이, 이성실이 일본에서 왔다는 이유로 일본과 한국 사이에서 선택을 강요하는 한국인, 그것이 과거에 조선사람에게 저지른 죄를 사죄하지 않는 일본에 대한 반감 때문일지라도 재일조선인에게 "일본새끼", "반쪽발이" 같은 욕을 서슴없이 해대는 한국인, 무작정 대한민국에

---

31) 이성실은 2013년 12월에 국내로 이주했고, 인터뷰는 2014년 3월에 진행했다.

충성하기를 강요하는 한국인이라면 그의 두려움은 얼마나 더 커질까? 이성실을 만나고 돌아오는 길에 이 질문이 가슴 한 끝에 내내 걸려 있었다.

정리하면 이번 인터뷰를 통해 국내 이주 재일조선인의 한국살이가 문화적 이분법과 정치적 이분법이라는 '이중적 이분법'의 자기장 아래에서 이루어지고 있다는 사실을 확인할 수 있었다. 이들은 직접 경험을 통해 인식하든, 다른 재일조선인의 경험을 전해 들어 인식하든 간에 '이중적 이분법'을 끊임없이 인식하면서 일상을 보내고 있다. 문화와 정치의 불가분성, 특히 정치가 문화에 끼치는 영향력을 떠올려보면, 한국과 일본의 관계 악화는 한국사회에 그나마 존재하는 '일본사람다움'에 대한 문화적 포용성을 약화시킬 것이고 이는 결국 국내 이주 재일조선인을 더욱 더 문화적·정치적 양자택일 상황으로 몰고 갈 것이다.

한편, 이번 인터뷰에서는 부각되지 않았지만, 국내 이주 재일조선인은 한국인의 의식 속에 강하게 자리 잡고 있는 '친남 아니면 친북'이라는 또 하나의 정치적 이분법, 달리 말하면 '민족 앞에 있는 이념'도 자각하며 살아가고 있다. 예를 들어 1990년대 초반에 결혼 이주한 한 재일조선인 여성은 "한국 정부에게서 괜한 오해를 받을까봐 당시에는 재일조선인끼리 만나는 걸 조심스러워했다"는 이야기를 필자에게 들려준 적이 있다. 1970~1980년대에 유학, 취업, 사업 등의 목적으로 한국으로 이주한 '한국적 재일조선인'이 한국의 역대 정권에 의해 간첩으로 억울하게 몰렸던 '사실'이[32] 바로 국내 이주 재일조선인끼리의 만남을 제약했던 것이다. 2000년 남북정상회담 이후 남북대결이 완화되면서 '친남 아니면 친북'이라는 이분법보다 '한국인 아니면 일본인'이라는 이분법이 국내

---

32) 김진환, 「재일조선인과 통일: 두 가지 고정관념에 대한 단상」, 지구촌동포연대 (KIN) 엮음, 『조선학교 이야기: 차별을 딛고 꿈꾸는 아이들』, 선인, 2014, 118~120쪽; 전명혁, 「1970년대 '재일교포유학생 국가보안법 사건' 연구: '11·22사건'을 중심으로」, 『한일민족문제연구』 21권, 한일민족문제학회, 2011.

이주 재일조선인에게 좀 더 눈에 띄는 굴레가 되고 있는 것은 분명하다. 그럼에도 불구하고 과거 한국 정부의 국내 이주 재일조선인 가해를 정당화했던 '적대적 분단구조'가 완전히 사라지지 않는 한 국내 이주 재일조선인은 언제든 다시 '민족 앞에 있는 이념'의 희생양이 될 수도 있다.

4. 맺음말: 공존을 위한 받침돌 놓기

그렇다면 한국인은 타인의 고통에 공감하는 윤리적 인간으로서 앞으로 무엇을 어떻게 해야 할까? 식민지배, 분단, 전쟁, 남북대결 등으로 우리 민족이 겪어온 고통을 고스란히 다 지니고 있는 재일조선인이 자신의 이주를 성공한 이주, 행복한 이주였다고[33] 말할 수 있게 하려면 무엇을 어떻게 해야 할까? 이 질문들에 대한 구체적 대답은 이 글의 후속 글에 담을 것이다. 대신 아래에서 재일조선인과 한국인의 생활문화가 공존하기 위해 가장 먼저 어떠한 과제부터 풀어가야 할지 제안해보겠다.

한국인과 재일조선인은 대략 1960년대 초반부터 1990년대까지 접촉 단계를 거쳐, 재일조선인의 국내 이주가 급증한 2000년대 이후 문화적 차이가 두드러지는 충돌 단계를 지나고 있는 중이라고 말할 수 있다. 현 단계에서 한국인이 재일조선인을 대하는 모습을 윤리적 차원에서 좋게 평가하기는 어렵다. 국내 이주 재일조선인을 가둬 놓은 '이중적 이분법' 때문이다. 그래도 재일조선인과 한국인의 생활문화가 서로의 차이를 존중하면서 공존하고, 더불어 새로운 문화적 공통성을 만들어내는 단계로 나아가려는 노력은 계속되어야 한다. 이게 바로 '사람의 통일'이 진전되는 과정이다.

---

33) 김경식은 "성공한 이주는 무엇이라고 생각합니까?"라고 질문하자 "행복하지 않으니까 성공한 이주가 아니라고 생각합니다"라고 대답했다.

그런데 분명히 해둘 점은 재일조선인의 국내 이주가 원활하게 이루어
지지 못하고, 국내에서의 생활이 안정되지 못할 경우에는 재일조선인과
한국인의 문화적 차이만 부각되고 정작 공존 단계로 나아가지 못할 수
도 있다는 사실이다. 재일조선인의 원활한 국내 이주와 국내 생활 안정
이 재일조선인과 한국인의 생활문화 공존을 위해 놓아야 할 받침돌인
셈이다. 이와 관련해 재일조선인의 '귀환권', '고국권', '과국적 성원권' 등
을 인정하고 이를 법적 · 제도적으로 뒷받침하자는 최근 주장들에[34] 귀
기울일 필요가 있다.

2000년대 이후 재일조선인의 국내 이주는 본디 있던 곳으로 돌아온다
는 사전적 정의만 놓고 보면, 대부분 '귀환'으로 부르기 어려운 현상이
다. 일제 식민지배 때 한반도에서 일본으로 이주했던 이들이 돌아온 경
우를 제외하면, 일본에서 나고 자란 후손들이 이주하고 있기 때문이다.
실제로 국내로 이주한 젊은 재일조선인 대부분은 자신의 이주를 '귀환'
으로 부르는 것에 대해 거부감을 지니고 있다. 이들은 자신의 이주를 생
활권의 연장 또는 확장 정도로 생각하는 편이다.[35]

그럼에도 불구하고 한국인은 일제 식민지배 이후 출생한 재일조선인
이 국내로 이주할 때도 그들을 귀환자로 대우해야 한다고 생각한다. 이
는 재일조선인 스스로가 자신의 이주에 귀환이라는 의미를 적극적으로
부여하기 때문이 아니다. 그보다는 고국을 떠난 당사자이든 그 후손이
든 상관없이 모든 디아스포라가 고국과의 관계에서 보유한 권리가 2차
세계대전 이후 '귀환권(right of return)'이라는 이름으로 국제사회에서 인

---

34) 이재승, 「분단체제 아래서 재일 코리언의 이동권」, 『민주법학』 제52호, 민주
   주의법학연구회, 2013; 조경희, 「이동하는 '귀환자'들: '탈냉전'기 재일조선인
   의 한국 이동과 경계의 재구성」, 신현준 엮음, 『귀환 혹은 순환: 아주 특별하
   고 불평등한 동포들』, 그린비, 2013.
35) 조경희, 위의 글, 254쪽.

정되고 있기 때문이다.[36]

다만 이재승은 기존에 국제사회에서 인정된 귀환권이 고국에서의 취업 활동 아니면 재귀화를 지향하기 때문에, 곧 고국 '국적' 취득을 중심으로 디아스포라의 법적 권리를 보장해가고 있기 때문에, 식민지배, 남북분단, 전쟁 때문에 상이한 체제로 퍼져 상이한 생활방식을 영위하고 있는 코리언 디아스포라의 귀환권을 해명하려면 새로운 권리 개념이 필요하다면서 '고국권(故國權)'을 제안한다. 재일조선인은 현재 한국적이든, 조선적이든, 일본적이든 상관없이 고국과의 역사적 · 민족적 유대를 토대로 다양한 단순입국, 여행, 취업, 정착과 재귀화 등 다양한 수준의 귀환권을 요구할 수 있는 기초적 권리로서 고국권을 갖고 있다는 것이다.[37]

조경희가 말하는 '과국적 성원권'도 귀환권, 고국권 등과 큰 틀에서 보면 같은 범주에 놓여 있는 권리라고 평가할 수 있다. 그는 한국과 일본을 생활적으로도, 정체성의 관점에서도 서로 배타적인 선택지로 여기지 않고 국경선을 가로지르는 영역을 자신들의 생활공간으로 삼고 있는 젊은 자이니치들이 최근 한국과 일본 양쪽에 걸친 성원권(membership)을 요구하고 있다면서 이러한 권리 개념을 제안하고 있다.[38]

요컨대 재일조선인의 귀환권, 고국권, 과국적 성원권 등을 존중하고, 그것을 법적 · 제도적으로 보장해주는 것은 재일조선인의 이주가 좀 더 다양한 선택지 속에서 수월하게 이루어지고, 나아가 그들의 국내 생활

---

36) 이재승, 「분단체제 아래서 재일 코리언의 이동권」, 『민주법학』 제52호, 민주주의법학연구회, 2013, 201~203쪽.

37) 이재승, 위의 글, 203~204쪽.

38) 조경희, 「이동하는 '귀환자'들: '탈냉전'기 재일조선인의 한국 이동과 경계의 재구성」, 신현준 엮음, 『귀환 혹은 순환: 아주 특별하고 불평등한 동포들』, 그린비, 2013, 254쪽. 코리언 디아스포라가 지닌 과국성에 대한 좀 더 상세한 논의는 아래 글 참조. 신현준, 「동포와 이주자 사이의 공간, 혹은 민족과 국가에 대한 상이한 성원권」, 신현준 엮음, 『귀환 혹은 순환: 아주 특별하고 불평등한 동포들』, 그린비, 2013, 35~54쪽.

을 안정화시키기 위해 꼭 필요하다. 달리 말해 이러한 과제를 풀어나가는 것은 재일조선인과 한국인의 생활문화가 차이를 존중하며 공존하는 단계, 새로운 문화적 공통성을 만들어내는 단계로 나아가기 위한 '받침돌 중의 받침돌'을 쌓는 일이다.

이재승의 평가에 따르면 김대중 정부는 1999년에 재외동포법을 제정함으로써 "코리언 디아스포라 전체에 대해 재귀화나 재정착을 목표로 하지 않지만 한국사의 특수성을 반영하는 낮은 수준의 고국권을 제도화하였다."[39] 또한 2012년부터 재외국민도 참정권을 행사하기 시작했고, 2013~2014년 주민등록법과 재외동포법 개정으로 2015년 1월 22일부터 재외국민에게 주민등록번호가 발급되기 시작했다. 이로써 그동안 한국적 재일조선인이 주민등록번호가 없어서 겪어야 했던 불편함, 예를 들면 아이가 보육료 지원 대상에서 제외된다거나 취학통지서를 받지 못했던 문제, 은행 거래나 휴대전화 개통의 불편함 등도 많이 사라질 것이다.[40]

〈사진 5〉'재외국민 국내거소신고증'을 대신할 재외국민 주민등록증 샘플. 주민등록증 윗부분에 '재외국민'이라는 표시가 들어가 있다.

---

39) 이재승, 「분단체제 아래서 재일 코리언의 이동권」, 『민주법학』 제52호, 민주주의법학연구회, 2013, 204쪽.

40) 관련 내용은 아래 기사 참조. 「돈 받고 싶으면 일본인이 돼라? 조국의 '모욕'」, 『오마이뉴스』 2012년 6월 29일; 「국적은 한국인데 주민번호 없는 그들, 재일동포」, 『오마이뉴스』 2012년 12월 16일; 「한국 국민인데 주민번호가 없다고」, 『한겨레21』 제973호, 2013; 「〈재외국민 주민등록 시행〉 ①도입 배경과 기대효과」, 『연합뉴스』 2015년 1월 19일.

다만, 이러한 법적·제도적 정비 과정에서 '국적 없는' 조선적 재일조
선인의 국내 이주 문제는 여전히 해결되지 않고 있다는 점을 잊지 말아
야 한다. 앞에서 지적했듯이 현재 한국 정부는 조선적 재일조선인의 고
국권, 귀환권을 인정하지 않고 있다. 한국 정부의 여행증명서 발급 거부
로 조선적 재일조선인의 국내 이주가 원천적으로 가로 막혀 있는 것이
다. 또한 한국 헌법재판소는 2007년 6월에 재외국민 참정권 인정을 결정
할 때도 "북한주민이나 조총련계 재일동포가 선거에 영향을 미칠지도
모른다는 추상적 위험성"을 핑계로 조선적 재일조선인의 선거권 행사를
인정하지 않았다. '조선적=총련계=친북'이라는 편견이 그대로 반영된
결정이었다.[41]

이처럼 한국 정부의 조선적 재일조선인 여행증명서 발급 거부, 참정
권 배제 등을 통해 재일조선인 사이에서도 '국적 있는 자'와 '국적 없는
자'의 권리 보장 수준 차이는 갈수록 커지고 있다. 한국적이든 일본적이
든 국적을 가진 자는 갈수록 다양하고 수월한 귀환(이주)을 할 수 있고,
국적이 없는 자는 점점 더 자신의 고국권, 과국적 성원권을 인정받지 못
하는 '선별적 귀환(이주)'이 심화되고 있는 것이다.

이러한 문제에도 불구하고 재일조선인의 귀환권, 고국권, 과국적 성
원권 등이 법적·제도적으로 보장되고, 이와 더불어 그러한 권리들에
대한, 그리고 그러한 권리들의 원천이라고 할 수 있는 재일조선인의 수
난사, 고통스러운 현실 등에 대한 한국인의 이해가 깊어진다면 재일조
선인과 한국인의 생활문화가 무작정 갈등하지 않고, 차이를 존중하며
공존할 가능성, 공존하며 새로운 문화적 공통성을 만들어 낼 가능성이
커질 것이다. 물론 이해의 과정은 재일조선인이 스스로 말할 공간을 열

---

41) 김진환, 「재일조선인과 통일: 두 가지 고정관념에 대한 단상」, 지구촌동포연대
   (KIN) 엮음, 『조선학교 이야기: 차별을 딛고 꿈꾸는 아이들』, 선인, 2014,
   122~123쪽.

어 두고,[42] 그 안에서 나오는 재일조선인의 목소리를 듣는 것으로부터 출발해야 한다. '모어의 권리'를 포함해 재일조선인이 고국에 대해 지닌 다양한 권리의 존중과 법적·제도적 보장, 재일조선인의 마음까지 헤아려보려는 '공감적 이해' 등은 분단 민족의 윤리적 인간으로서 한국인이 반드시 이행해야 할 의무다.

---

42) 김수자는 인터뷰를 하면서 "이렇게 말할 수 있는 공간과 기회가 자주 만들어 져야 한다"고 강조했다.

제4장 북한이탈주민과 한국인의 집단적 경계 만들기 또는 은밀한 적대감

전영선*

1. 머리말

이 글의 목적은 북한이탈주민의 문화적응을 '문화 충돌과 공존'의 차원에서 분석하는 데 있다. 북한이탈주민 연구는 1990년대 말까지는 주로 전반적인 남한사회 적응실태와 문제점들을 진단하는 총론적인 수준에 머물렀다. 그러나 북한이탈주민이 증가하면서, 관련 연구 역시 다양해 졌다. 특히 북한이탈주민이 크게 증가한 1999년을 전환점으로 구체적이고 각론적인 연구가 이루어지고 있다.[1]

---

* 건국대학교 통일인문학연구단 HK연구교수.

1) 북한이탈주민의 정착과 관련한 주요 연구 성과로는 이금순 · 임순희 외, 『북한이탈주민의 적응실태 연구』, 통일연구원, 2003; 이경희 · 배성우, 「북한이탈주민의 남한사회 정착에 영향을 미치는 요인」, 『통일연구논총』 제15권 2호,

북한이탈주민 연구의 중심은 '적응'문제이다. 남한과는 체제와 문화가 다른 북한에서 생활했던 북한이탈주민들을 최대한 빠른 시간 내에 안정적으로 정착시킬 수 있는지가 핵심이었다. 북한이탈주민을 보호해야 할 대상으로 보고, 제도적으로 어떻게 접근할 것인가에 대한 논의로 집중되었다. 통일이 되었을 때를 가정하여, 통일한국의 동반자로서 북한지역 주민을 안정화시키는 표본연구라는 의미가 컸다. 북한이탈주민의 적응과정을 모델로 북한주민을 적응시킬 수 있는 적절한 정책을 찾고자 하였다.

적응이라는 측면에서 본다면 통일 한반도의 적응 문제는 남북한 주민의 상호적인 문제이다. 남북 주민 모두에게 볼 때 통일은 지금까지와는 전혀 다른 새로운 환경을 맞이하게 된다는 것을 의미한다. 남한 주민의 입장에서는 자유민주주의와 시장경제를 바탕으로 한 통일이 이루어진다고 해도, 전체 인구의 30% 넘는 새로운 사람들과의 공존이 시작된다는 것을 의미한다. 통일한반도는 남북 주민 모두에게 새롭고 낯선 환경

통일연구원, 2006; 조정아 · 정진경, 「새터민의 취업과 직장생활 갈등에 관한 연구」, 『통일연구논총』 제15권 2호, 통일연구원, 2006; 이민영, 『남북한 이문화 부부의 통일이야기-북한이탈주민과 남한주민의 결혼 생활에 관한 네러티브 연구-』, 한국학술정보, 2007; 김현경, 「남북한 이문화 부부의 적응에 관한 연구-남한주민과 결혼한 북한출신 배우자의 부부 적응에 대한 인식을 중심으로」, 『한국가족관계학회지』 제15권 1호, 한국가족관계학회, 2010; 김현경, 「난민으로서의 새터민의 외상(trauma) 회복 경험에 대한 현상학 연구」, 이화여자대학교 박사학위논문, 2006; 곽정래, 「북한이탈주민의 커뮤니케이션 활동이 사회적 가치 수용과 삶의 질 평가에 미치는 영향에 관한 연구」, 『한국언론학보』 제55권 3호, 한국언론학회, 2011; 민영, 「이주 소수자의 미디어 이용, 대인 커뮤니케이션 그리고 적대적 지각: 북한이탈주민의 심리적 적응에 대한 탐색」, 『한국언론학보』 제56권 4호, 한국언론학회, 2012; 이민규 · 우형진, 「탈북자들의 텔레비전 드라마 시청에 따른 남한사회 현실 인식에 관한 연구: 문화계발효과와 문화동화이론을 중심으로」, 『한국언론학보』 제48권 6호, 한국언론학회, 2004; 이정철 · 김갑식 · 김효숙, 『이탈주민을 통해 본 북한 주민의 언론과 사회에 대한 이해』, 한국언론진흥재단, 2011 등이 있다.

으로 다가올 것이다. 통일이 남북 주민이 함께 살아가야 하는 문제라고 한다면 적응은 마땅히 상호적이어야 한다. 하지만 북한이탈주민의 적응 문제는 절대 다수의 남한 주민과 남한이라는 새로운 사회로 진입한 북한이탈주민의 일방적인 문제로 수렴되었다. '정착'은 북한이탈주민들이 남한 사회가 요구하는 방식으로 자신을 적응시켜 나가야 하는 것으로 규정되었다. 적응의 관점 역시 경제적 자립을 중심으로 진행되었다. 북한이탈주민의 남한 사회 적응에서 가장 중요한 문제는 생존의 문제였고, 경제적 적응은 다른 문제를 해결하는 유일한 방법으로 인식되었다. 하지만 북한이탈주민의 숫자가 늘어나고, 여성과 청소년 등의 다양한 계층이 유입되면서 적응문제는 보다 다양한 차원에서 논의되기 시작하였다. 특히 문화적 차원의 적응과 갈등이 중요한 문제로 부각되었다.

북한이탈주민 정착과 관련한 연구는 경제적인 문제에서 문화적응과 갈등, 청소년 문제, 여성문제 등에 주로 초점이 맞추어져 왔다. 북한이

문화적 통합의 중요성을 강조한 통일독일 포스터

탈주민의 전반적인 적응 실태와 관련하여 구체화된 연구로는 '북한이탈
주민의 소비생활', '여가활동', '교육문제', '학교생활', '방송 수용 및 시청
양태', '노동시장 경험', '직업 및 직장', '언어생활', '식생활', '종교생활' 등
에 대한 연구가 있다. 남한 사회에로의 일방적인 동화, 흡수를 의도하는
적응방안 모색 연구에서 점차 상호적인 방향으로 진행되고 있다. 일방
적인 정착유도를 지양하고 북한이탈주민의 가치관, 생활방식 등 문화적
배경에 대한 이해를 바탕으로 남한사회 적응 방안을 모색하는 연구로
확산되었다. 그 결과 다양한 접근이 시도되었다. 사회·문화적 접근, 사
회복지적 접근, 사회·경제적 접근, 인류학적 시각에서의 민족인지적 접
근, 심리 또는 임상심리적 접근, 생태학적 접근, 의학적 접근, 소수집단
접근, 비교문화적 접근, 신학적 접근, 국제정치적 접근 등이 이루어졌다.

북한이탈주민에 대한 연구가 다양해진 것은 두 가지 이유 때문이다.
하나는 북한이탈주민을 남한사회에 적응 내지 동화시켜야 할 대상이 아
니라 새로운 환경에 창조적으로 적응해 나가는 주체적 행위자로 인식하
기 시작하였기 때문이다. 다른 하나는 사회통합 차원에서 접근을 위해
서는 북한이탈주민을 단순한 소수 집단으로 보기보다 '사회적 약자'로
바라보는 시각이 필요하다는 공감대가 형성되었기 때문이다. 단순한 사
회적응의 문제에서 나아가 인간적 존재로서 자아실현으로서 온전한 적
응이 이루어져야 한다는 것을 의미한다.[2]

북한이탈주민의 문화적 배경에 대한 이해를 통해 남북한 주민의 상호
적인 적응 방안을 모색하는 연구의 필요성이 제기된 것은 북한이탈주민

---

2) 조영아의 「남한 내 새터민의 자아방어기제 연구: 남한주민 및 재한조선족과
의 비교」, 연세대학교 박사학위논문, 2003은 남북의 만남에서 야기될 수 있는
갈등을 최소화하고 조화롭게 해결하기 위해서는 특히 상대방의 심리적 갈등
해결방법, 즉 생존전략과 적응기제를 이해하는 것이 필요하다는 기본입장에
서 시도된 연구이다.

북한이탈주민의 정착과 관련한 기사들. 북한이탈주민의 현주소를 보여준다.

의 문화 갈등 때문이었다. 적지 않은 북한이탈주민들이 남한 사회 적응에 어려움을 겪고 있다. 이는 취업교육이나 생계보호 등의 지원으로는 해결할 수 없는 문제이다. 북한이탈주민에 대한 다양한 정착지원에도 불구하고 문화 차이는 여전히 적응 과정에서 넘어야 할 큰 장애가 되고 있다.

북한이탈주민의 문화적응 문제를 분석하는 작업은 통일 이후의 문화 통합과 관련된다. 문화적 차원에서 충돌과 공존의 지점을 모색하는 것은 통합에 필요한 정책개발을 위한 토대연구로서 의미가 크다. 어떤 점에서 남북한 주민의 문화가 충돌하고, 어떤 방식으로 문화적 갈등을 수용하는 지를 분석할 필요가 있다. 북한이탈주민의 문화 적응이 문제가 되는 것은 우리 사회의 폭력적 현상과 연결되기 때문이다. 남북의 문화

차이는 문화 차이에 대한 편견에 그치지 않는다. 적지 않은 경우 폭력적 현상, 예컨대 북한이탈주민에 대한 배타적 인식, 경멸과 무시의 폭력적 시선, 북한이탈주민에 대한 보이지 않은 폭력에 대한 무감각 등의 현상으로 나타난다. 이러한 폭력성은 다시 북한이탈주민에 대한 부정적 시선을 형성하는 계기가 되고, 다시 폭력적인 현상으로 이어지는 악순환 고리를 형성한다.

북한이탈주민의 바람직한 문화적응을 위해서는 문화적응 문제를 본격화하고, 남북 주민의 문화적 공존을 위한 방향을 모색할 필요가 있다. 이 글은 북한이탈주민과 남한 주민의 문화 갈등을 분석하기 위하여 2014년 2월부터 5월까지 북한이탈주민을 대상으로 한 심층면접을 바탕으로 작성되었다. 선행연구를 바탕으로 심층면접을 통해 북한이탈주민이 겪고 있는 문화적응 문제의 내면을 확인할 수 있었다. 이 글을 통해 남한 주민과 북한이탈주민의 문화적 차이가 무엇이며, 북한 주민의 문

東죠日報

2012년 04월 02일 (월)
22면 건강/요리/패션/미용

새터민 대다수 우울증 앓는다

■ 한림대성심병원 조사

북한을 탈출해 남한에 정착한 새터민들은 탈북 과정보다 사회 적응 과정에서 더 큰 스트레스를 받는 것으로 나타났다.

이는 한림대성심병원 정신건강의학과 홍나래 교수가 경기 군포시에 거주 중인 북한 이탈주민 56명을 대상으로 우울과 불안증상에 대한 상세한 면담 설문 조사를 벌인 결과다. 그동안 새터민의 탈북 과정에서 생긴 외상 후 스트레스 장애가 문제가 주로 조명이 됐지만 정착 과정에서 느끼는 어려움이 정신건강에 더 크게 작용한다는 사실을 이번에 새로 입증한 것이다.

이들 중 우울증상의 정도를 살펴본 결과 정상군은 응답자의 35.7%에 불과한 반면 가벼운 우울군이 25%, 중

한 우울군이 16%, 심한 우울군이 23.2% 등으로 나타났다. 우울증상을 가진 비율이 전체의 64.6%가 되는 셈, 국내 우울증 유병률이 평균 7.5%인 것에 비하면 꽤 높은 수치다. 또 불안 정도를 살펴보는 조사에서도 정

**새로운 생활 적응과정서
불안감 커져 큰 스트레스
상담프로그램 신설 시급**

상군은 46.4%, 중간 정도의 불안군이 14.3%, 심한 불안군이 39.3%로 절반 이상이 53.6%가 불안 증세를 보였다.

홍 교수는 "탈북을 하게 된 동기나 북한에 가족이 남아 있는지 여부는 우울 또는 불안 증세에 크게 영향을

미치지 않는 것으로 조사됐다"면서 "결국 새로운 생활에 적응하는 과정에서 경험하는 혼란이나 경제적, 건강상 어려움이 더 큰 스트레스로 작용하는 것"이라고 말했다. 실제 북한이탈주민들은 폐쇄적인 북한 체제에 익숙한 탓에 다른 새터민과도 폐쇄적으로 생활한다. 또 많은 이들이 자유 경제체제를 이해하지 못해 경제적 혹은 사회문화적인 부분에서 어려움을 겪고 있다.

홍 교수는 "정부 차원에서 제공하는 정신건강 프로그램은 부족하거나 없는 실정"이라면서 "이번 조사에서도 대다수 새터민이 상담치료와 심리검사 등 정신건강 관련 상담 혹은 진료가 필요하다고 말했지만 실제로 치료를 받은 사람은 25%에 불과했다"고 말했다.

이진한 기자·의사 likeday@donga.com

화적 차이를 인정하면서 공조할 수 있는 정책이나 프로그램 개발에 기여할 수 있을 것으로 기대된다. 본 연구의 면접자의 이력은 다음과 같다.

〈표 1〉 설문조사 면접자

순번	성명	성별	나이*	입국연도	북한직업	현재직업
1	A	여	49(1964)	2002	의료인	시민단체
2	B	남	49(1964)	2009	연구원	휴직상태
3	C	여	48(1965)	2000	교사	초등교원
4	D	여	48(1966)	2010	교사, 사서	무직(사서)
5	E	여	32(1986)	2010	컴퓨터문서원	대학생
6	F	여	46(1968)	2008	교사	대학원생
7	G	남	38(1976)	2002	노동자	자영업
8	H	여	39(1975)	2006	교환원	대학생
9	I	여	57(1957)	2004	대학교원	대학교원

* 나이는 본인이 직접 진술한 것으로 하였음.

2. 북한이탈주민의 정착과 문화적응

북한이탈주민의 남한 사회 정착 문제는 주로 '적응(adaptation, adjustment)' 과 '동화(assimilation)'의 개념으로 설명되었다. 생물학적 개념으로 적응이란 '생물유기체가 생존을 위해 주어진 환경조건에서 살아남도록 자신을 변용시켜 나가는 일련의 과정'을 의미한다. 산업화의 영향으로 도시의 나방이 공해에 적응하여 검은색을 갖게 되는 것과 같이 종족 보존을 용이하게 하는 생물학적 변화를 의미하였다.[3] 사회적 의미에서 적응은 생물학적 개념을 확대하여 인간관계에 관한 이론으로 발전시킨 것이다. 사회적 의미에서 적응이란 '주체적 의지에 따라 능동적으로 환경에 대

---

3) Eastwood Atwater, 김인자 옮김, 『적응심리』, 정민사, 1986, 19쪽.

응하는 인간의 다양한 활동 패턴이나 인간과 환경간의 상호 작용을 의미'한다. 적응이란 단순하게 사회적 장애를 극복하는 것에서 나아가 자신의 욕구를 만족시키기 위한 활동과정 및 변화를 의미하기도 한다. 이때, 적응이란 '주어진 환경에 자신을 맞추어 가는 과정', 나아가 '자기의 욕구를 충족시켜 나가는 과정'이라는 의미가 있다.[4]

적응이라는 개념이 북한이탈주민의 남한 사회 정착에 적용되는 것은 북한이탈주민이 접하게 되는 남한 사회의 환경이 북한과는 전혀 다른 새로운 환경이기 때문이다. 지금까지 살아 왔던 환경과 문화와는 전혀 다른 새로운 사회에서 온전하게 살아가야 하는 문제이다.

남북 문화차이에 대해서는 다양한 의견이 있다. 남북 사이의 문화적 동질성과 차이성의 문제는 '정도'의 문제이다. 공통성과 차이점이 있기 때문이다. 남북은 70년 동안 상이한 정치체제를 유지하였다. 정치체제의 차이는 정치적인 문제로 한정되지 않았다. 정치체제의 차이는 문화적 차이로 이어졌다. 문화는 사회적 산물이다. 남북의 체제 차이는 문화차이로 드러난다. 남북 문화는 일상의 문화차이로 나타난다. 일상에서 느끼는 문화차이는 정치 분단보다는 더 크게 인식된다. 많은 북한이탈주민이 남한 주민과의 문화적 소통, 사회적 관계 형성에 어려움을 겪고 있다. 낯선 환경, 새로운 환경이라는 점에서 북한이탈주민의 남한 사회 적응은 새로운 환경에 적응해야 하는 이주민의 경우와 유사하다.

북한이탈주민은 남한 사회의 선택과 자율적 관행에 잘 적응하지 못하는데서 야기되는 무시, 몰이해, 소외, 외로움 등의 심리적 측면의 어려움을 겪고 있다. 적응의 어려움으로 인해 개인과 사회와의 관계 속에서 자긍심과 자아 존중감을 형성하지 못하기도 한다. 급격한 변화에 적응하지 못하면서 자신감이 상실되는 '아노미(anomie) 현상'이 나타나기도 한다.

---

4) 김상인, 『상담심리 용어사전』, 생명의 샘가, 2000, 149쪽.

朝鮮日報

2012년 02월 11일 (토)
29면 인물

"후배들, 막막한 남녘생활 멘토가 돼줄게"

탈북청소년 배움터 '여명학교' 동문회 결성

북한이탈주민이 겪는 문화적응의 어려움은 사회적 고립으로 이어질 가
능성도 매우 높다. 북한이탈주민의 갈등을 해소하고, 공존하는 데 있어
서 가장 중요한 문제는 소통이다. 북한이탈주민과 남한 주민의 소통과
관계 증진은 북한이탈주민의 조속한 재사회화에 필수적인 요소이다.[5]

북한이탈주민의 안정적 정착에는 사회적인 문제와 문화적인 문제를
포괄하는 접근이 필요하다. 윤여상은 적응의 영역을 사회와 문화, 객관
적 측면과 주관적 측면으로 나누어 살폈다.[6] 사회적이고 문화적인 차원

---

5) "정신질환에 이환된 수준이 아니라하더라도, 많은 북한이탈주민이 남한 주민
들과 소통과 관계를 맺고, 사회적응을 하는데 많은 어려움을 겪고 있는 것이
관찰된다. 이런 어려움은 사회적 고립으로 이어질 위험이 있다." 하지현, 「북
한이탈주민의 정서적 소통 방법의 이해」, 『통일인문학논총』 제53집, 건국대
학교 인문학연구원, 2012, 304~305쪽.

6) 윤여상, 『북한 이탈주민의 적응과 부적응』, 세명, 2001, 17~18쪽.

의 적응이 객관적인 측면, 주관적인 측면에서 이루어질 때 온전한 적응
이 이루어졌다고 할 수 있다.

〈표 2〉 적응의 영역과 측면

영역	객관적 측면	주관적 측면
사회	생태적 정착, 주거안정 고용과 직업, 생계안정 사회적 지위획득, 계층적 사회이동 조직적 귀속과 참여 원초적 유대형성과 집단참여	객관적 영역의 모든 부분에서 만족감과 동일시, 일체감성취
문화	언어습득, 생활양식 수용 일상적 행태습득	사고방식, 세계관 가치지향 습득

출전: 윤여상, 『북한이탈 주민의 적응과 부적응』, 세명, 2001, 17쪽.

문화 차이가 있는 집단의 구성원에서 새로운 집단의 구성원으로 진입
할 때는 '지속적이며 직접적인 접촉으로부터 발생하는 문화 변화(cultural
change)와 적응(adaptation)의 과정(process)'이 동반된다. 이 과정에서 문
화적응 스트레스가 일어난다. "'문화적응 스트레스'란 첫째, 난민 및 일
반 이주자들이 새로운 주류 사회와 접촉하게 될 때 그들을 새로운 언어,
다른 관습 그리고 사회적 상호관계에 대한 규범, 낯선 규칙과 법규, 그
리고 어떤 경우에는 극도로 다른 삶의 변화에 적응해야 하는 많은 도전
에 직면하는 과정에서 경험하게 되는 스트레스 행동의 특정한 경향을
의미한다."[7]

문화적응 스트레스는 북한이탈주민의 경우에도 예외가 아니다. 북한
이탈주민은 남한 사회에 정착 과정에서 거의 모든 분야에서 차이를 경

7) 김현경, 「남북한 이문화 부부의 적응에 관한 연구—남한주민과 결혼한 북한
출신 배우자의 부부 적응에 대한 인식을 중심으로」, 『한국가족관계학회지』제
15권 1호, 한국가족관계학회, 2010, 48쪽.

험한다. 일상생활에서는 문화 차이가 말투, 태도 등의 차이로 나타난다. 남북의 언어가 같다는 생각이나 문화적 동질성이 유지되고 있다는 생각은 현실적으로 딴 나라 이야기가 되었다. 언어의 차이, 문화의 차이는 곧 남북을 가르는 경계가 되었다. 북한이탈주민은 이민자와 다를 바 없는 문화적 차이를 경험하고, 문화의 경계를 경험한다.[8] 문화의 경계는 북한이탈주민을 당혹스럽게 한다. 북한이탈주민의 경우에는 남한 사회의 진입에 대한 상당한 기대감을 갖고 있는 상황에서 겪는 문화의 벽은 더욱 높게 느껴질 수밖에 없다. 정착 과정에서 북한이탈주민의 문화 갈등에 대해서는 큰 고민이 없었다. 대부분의 정착에서 중요한 것은 경제적인 문제다. 정착의 핵심은 안정적인 기반의 구축이다. 경제적인 자립도 중요하지만 그 못지않게 중요한 것은 문화적 안정이다.

북한이탈주민은 문화 갈등을 경험하면서 자신의 정체성에 대해 고민하게 된다. 정체성을 형성하는 과정은 긍정적이기보다는 부정적이다. 북한이탈주민은 북한에서 배웠던 공부나 문화적 경험, 사회적 가치가 대한민국에서 통용되기 어렵다는 것을 확인 받는다. 학문적으로나 문화적으로나 열등하다는 것을 강요받는다. 대한민국 국민으로서 자부심을 갖지 못하고, 열등감 속에서 '2등 국민'의 정체성을 형성한다. 한민족이라는 동포로서의 기대감이 큰 상태에서 문화적 차이를 접하게 되면서 '가치 추락'의 충격은 더욱 커지게 된다.

북한이탈주민들은 가치 추락에 대해 무기력하게 대응할 수밖에 없다. '탈북'이라는 한계가 있기 때문이다. '조국'도 '모국'도 없고 돌아갈 수 있

---

8) 일반이민자의 경우에도 "처음 이민지에 도착하였을 때는 들뜬 기분이 되어 삶에 대한 만족도가 매우 높은 상태가 되나 점차 현실의 어려움과 부딪혀가면서 정신 병리가 된다고 알려져 있다." 하지현, 「북한이탈주민의 정서적 소통 방법의 이해」, 『통일인문학논총』 제53집, 건국대학교 인문학연구원, 2012, 308쪽.

북한이탈주민의 올바른 정착을 위한 이해와 공감이 필요하다

는 곳이 없어졌다. 취업 등의 이유로 국내에 머물고 있는 조선족이나 기타 해외 코리언의 경우와 구분되는 점이다. 현실적으로 북한의 정치나 문화를 긍정하기도 어렵다. 북한에 대한 어떤 긍정적인 메시지도 스스로를 부정하는 상황과 마주하게 된다. 북한이탈주민은 신체적이든 정신적이든 돌아갈 곳을 상실한 것이다. 탈북의 정당성은 체제를 부정할수록, 체제와 거리를 들수록 확보되기 때문에 고향을 긍정하기 어렵다.

우리 사회가 북한에 보내는 시선을 온전히 자신의 몫으로 받아야 한다. 그렇다고 해서 북한이탈주민의 귀환의식이 약한 것은 아니다. 고향에는 여전히 가족이나 친구가 남아 있다. 북한에 두고 온 가족들은 북한이탈주민의 삶에 여전히 강력한 영향을 미치고 있다. 취업의 어려움으로 인한 낮은 사회경제적 상태, 새로운 환경 속에서 생활을 다시 시작해야 하는 문화적응 스트레스, 생활에 필요한 기본적인 법률 지식의 부족

으로 인한 어려움과 함께 북에 있는 가족으로 인한 상당한 외상을 받고 있다.[9]

북한이탈주민의 문화적 부적응은 난민에 준하는 정신적, 신체적 질환으로 이어지기도 한다. 난민의 경우, 이주 이전에 살고 있는 곳을 떠날 때 상당한 충격을 경험한다. 이주 이후에는 낯선 문화에 접촉하게 되면서 환경적인 스트레스원에 반복적으로 노출된다. 북한이탈주민은 일반 이주자들과 달리 돌아갈 곳도 없는 상태에서 심리적으로 극단적인 복잡함을 경험한다.[10] 북한이탈주민은 사실상 난민이나 다를 바 없다. 북한 사회의 가치와 규범으로부터 벗어나 남한의 가치체계를 배우는 재사회화에 어려움을 겪으면서 사회로부터 격리되기도 한다. 문화 적응 과정

---

9) "이주민이나 난민의 경우 외상경험을 할 상황이 최소 세 곳에 있다. 원거주지, 이주과정, 그리고 정착과정이다. 북한이탈주민들의 경우도 이 패러다임으로 외상경험을 분류해 파악할 수 있다. …마지막이 남한정착의 외상경험이다. 취업의 어려움으로 인한 낮은 사회경제적 상태, 문화적 고립으로 인한 정서적 감정적 외로움, 낯선 곳에서 그들의 생활을 다시 시작해야 하는 문화적 응 스트레스, 필요한 법률지식의 부족, 북에서의 가족이나 친지들에 관한 나쁜 소식, 고독, 그리움, 죄책감, 편견, 탈북자 자신에 대한 선입견, 두고 온 가족에게 돈을 부쳐주거나 소식을 접했을 때, 탈북한 가족이 입국할 때까지의 긴장과 불안 등이 보고된다." 위의 글, 307~308쪽.

10) "난민들의 경우 이주 이전 충격적인 외상 경험은 이주 이후 문화에 접촉하게 되면서 시간 경과에 따라 환경적인 스트레스원에 반복적으로 노출되게 된다. 난민이주자의 경우는 일반이주자와 달리 자국에 다시 돌아갈 수 없음으로 인해 심리적으로 극단적인 복잡함을 경험하게 된다. 또한 난민의 외상경험은 앞서 언급한 것처럼 단일 사건이 아니라, 상호 관련된 그리고 일반적으로 누적된 경향이 있기 때문에 이러한 경험들은 이주 후 이주자를 둘러싼 사회심리생물학적인 문화적 스트레스원들의 영향과 연계되어 문화적응 스트레스 수준을 높이는 결과가 발생됨을 외국의 난민연구를 통해 밝히고 있다. 나아가 이주국가에서 발생되는 이주자에 대한 차별과 선입견은 사회적으로 취약한 입장에 있는 그들의 정신건강에 대한 위험요인으로 인식되고 있다." 김현경, 「남북한 이문화 부부의 적응에 관한 연구―남한주민과 결혼한 북한출신 배우자의 부부 적응에 대한 인식을 중심으로」, 『한국가족관계학회지』 제15권 1호, 한국가족관계학회, 2010, 48~49쪽.

에서 일부 북한이탈주민은 신체적인 불편으로 감정을 호소하는 신체화로 나타나기도 한다.[11] 나아가 감정표현불능(alexithymia) 상태에 빠지기도 한다. 자신의 감정을 표현하지 못할 뿐 아니라 자신이 경험하는 감정을 인식하는 것이 어렵게 되기도 한다.[12]

북한이탈주민의 문화적응 문제는 북한이탈주민의 정착과 직결되는 문제인 동시에 통일을 위한 준비로서 의미가 있다. 통일은 정치적 통일, 경제적 통일을 의미하는 동시에 통일한국에서 살아가야 할 주민들의 문제이기도 하다. 이런 의미에서 통일은 곧 남북한 주민의 삶의 통합문제이다. 생활의 통합에서 핵심적인 문제는 심리적, 사회적 문제이다. 북한이탈주민이 겪는 문화적응의 어려움은 남북 통합과정에서도 재연될 가능성이 매우 높다. 남한 주민의 북한에 대한 인식은 긍정적이기보다는 부정적이다. 남북의 문화적 차이와 정서, 가치관의 차이로 인한 갈등은 단기적으로 해결되기 어려운 문제이다.

---

11) "우울과 불안을 표현하는데 있어서 신체증상의 표현이 두드러졌다. 한국은 과거 문화적으로 화병이라는 정신질환이 개념화되어 있다. 신체화(somatization)란 자신의 심리 상태를 파악하고 기술하기보다는, '몸 어디가 아프다'는 식의 표현을 하는 심리적 방어기제의 하나이다. 이는 미국정신의학회에서 사용하는 정신과 진단 및 통계 편람 IV판(DSM–IV)에 문화관련질환의 하나로 포함되어 있다." 하지현, 「북한이탈주민의 정서적 소통 방법의 이해」, 『통일인문학논총』제53집, 건국대학교 인문학연구원, 2012, 312~313쪽.

12) "신체증상을 호소하는 것은 그래도 외부로 표현을 하고 불편을 인식하는 것이다. 더 많은 북한이탈주민은 감정표현불능(alexithymia) 상태에 있을 가능성이 있다. 감정표현불능증이란 정동의 분화가 일어나지 않아, 언어화하거나 다른 신체신호로 표현하는 능력이 상실되어 있는 상태를 의미한다. 표현하지 못할 뿐 아니라 자신이 경험하는 감정을 인식하는 것도 어렵다. 이는 외상후 스트레스장애와도 밀접한 연관이 있으며, 난민에서 높게 관찰되는데 감정을 인식하는 능력의 저하가 뚜렷하다." 김종군·정진아, 『고난의 행군시기 탈북자 이야기』, 박이정, 2012, 231쪽. "북한 여자들이 비참한 이유는 자신의 감정을 말할 줄 모르기 때문이라 했다. 북한의 여성들은 가족들을 사랑하는 마음은 물론, 자신의 슬픔과 분노조차도 표현할 줄 모르고 살아간다는 것이었다." 하지현, 위의 글, 317쪽.

남북은 분단 이후 치열한 이데올로기 갈등을 겪었다. 이념갈등과 전쟁을 겪으면서, 독일과는 다른 통일의 조건이 형성되었다. 남북 사이의 적대감은 분단 시간 동안 몸에 밴 생활화되고 관습화된 냉전적이며 적대적인 감정이다. 남북의 생활문화에는 남북의 정치 이념과 정치적 가치관이 반영되었다. 남북 사이의 문화적 이질감은 단순한 문화적 차이의 문제가 아닌 가치관, 세계관과 연결된 문제이다. 남북 문화의 차이에 대한 인식과 교육의 시간도 없었다. 남북주민의 문화갈등은 오히려 당연한 결과라고 할 수 있다.

우리 사회에서는 통일을 이야기할 때 암묵적으로 동의하는 것이 있다. '통일은 남북의 체제 중 어떤 것이 우월하였는지를 가장 명확하게 보여주는 결과'라는 인식이 그것이다. 따라서 북한이탈주민에 대한 시선에도 남북 비교의 시선이 작동한다. 하지만 통일은 통일이 되는 순간 끝나는 것이 아니다. '통일' 역시 역사의 한 과정일 뿐이므로, 통일 이후를 대비해야 한다. 통일은 통합의 시작이며, 새로운 통일한국의 출발이

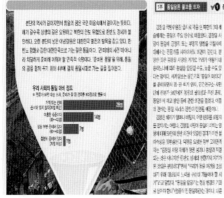

라는 인식이 필요하다. 통일 이후에 이 땅에서는 여전히 많은 사람들이 통일이라는 새로운 환경 속에서 살아가야 한다. 통일 과정에서는 문화적 차이로 인한 적대적 감정이 증폭되어 공동체 형성에 강한 거부감으로 작동할 가능성을 배제할 수 없다. 문화통합이 중요한 이유는 통일의 필요성과 당위성을 인식시켜 통일에 대한 자발적 동력을 만들어 내는데 기여할 수 있다는 점 때문이다.

기계적인 제도 중심의 통합이나 현실 적합성이 떨어지는 통합논의는 통일에 대한 피로감을 누적시킬 수 있다. 통일에 대한 무관심을 조장하거나 거부감을 양산하고 통일에 대한 사회적 동력을 현저하게 약화시킬 수도 있다. 특히 북한사람, 북한 문화와의 공존에 대한 구체적인 방안 없이 통합정책을 입안할 경우에는 갈등으로 인한 사회적 혼란을 통제하기 어려울 것이다. 사회적으로도 정치적 갈등, 지역적 갈등을 해소하는 데만 엄청난 사회적 비용을 야기하게 될 것이다. 남북 주민이 더불어

통일을 위한 구체적이고 실질적인 준비가 필요하다

살기 위해서는, 함께 살기 위해서는 문화 분단으로 인한 정서의 이질화
가 낳은 결과에 대해 주목해야 한다. 남북의 집단적 정서, 집단적 심리
에 대한 고찰이 필요한 이유이다.[13)

3. 북한이탈주민의 문화 적응과 충돌

1) 북한이탈주민의 문화적응과 언어

북한이탈주민이 두드러지게 차이를 느끼는 두 영역은 '언어'와 '남녀
의 성역할'이다. 특히 언어는 일상에서 북한이탈주민과 남한 주민의 차
이를 각인시키는 출발점이다. 언어가 문화갈등과 연결되는 것은 일상에
서 언어는 단순하게 소통의 수단으로만 활용되지 않기 때문이다. 비언
어적인 요소를 포함하여 모든 언어행위는 사회적 맥락 속에서 이해된
다. 즉 언어는 정치적 행위로서 발화자의 힘과 상대에 대한 태도가 반영
되어 있다. 언어 소통의 의미를 충분히 이해하기 위해서는 발화 속에 담
긴 사회적 의미를 찾아야 한다.[14)

언어를 예로 들어보자. 남북의 언어가 같다고 생각하지만 실제 언어

---

13) 정진아 외, 「기획좌담: 남북 공통성의 이론과 실제」, 『통일인문학논총』 제53
   집(건국대학교 인문학연구원, 2012), 26쪽 : "(김이경) 북을 많이 협력 사업 하
   시는 분들이 가보면, 충격을 두 가지 받아요. 하나는 너무 같아서 느껴요. 너
   무 같아서, 너무 똑같아서 느끼고, 그런데 얘를 하다보면 실제 그 표현하는
   방식, 그 다음에 그것을 발현하는 가치의 어떤 법칙, 이런 것들이 우리랑 너
   무 많이 달라서 또 한번 충격을 느끼게 되는, 그런 과정들이 많은 것 같아요."
14) "실제로 텍스트가 만들어지면서 동시에 컨텍스트는 재구성된다. 그리고 텍스
   트는 컨텍스트에 독립적으로 존재하는 것이 아니라 언어적 컨텍스트와 동일
   한 지평 위에 존재한다." 조지형, 「언어로의 전환'과 새로운 지성사」, 안병직
   외, 『오늘의 역사학』, 한겨레신문사, 1998, 212쪽.

북한이탈주민에게는 낯설게 느껴지는 간판과 외래어 상표

생활에서 느끼는 차이는 크다. 북한이탈주민의 경우 언어의 의미와 발화자의 의도를 해명하지 못한다. 언어행위를 이해하지 못하게 된다. 북한이탈주민들이 언어 차이가 크다고 느끼는 것도 언어문화의 차이로 인해 발화자의 의도를 파악하지 못하기 때문이다. 정부에서도 북한이탈주민의 언어적응을 위한 교육을 하고 있다. 하나원에서도 북한이탈주민을 위한 언어적응 교육 시간이 있다.15)

---

15) 정진아 외, 「기획좌담: 남북 공통성의 이론과 실제」, 『통일인문학논총』 제53집(건국대학교 인문학연구원, 2012), 17쪽 : (한정미) "3개월 동안 전체 420시간 공부를 하는데 그 중에 언어 교육은 30시간 정규프로그램입니다. 그 다음에 상담프로그램이라고 해서요 따로 주 2회 정도, 아침 8시부터 아침 9시까지 우리말 수업을 합니다. 이건 선택인데요. 남한의 관용어 익히기, 대화 속에 자주 등장하는 영어식 표현, 영어 모르면 큰일 나는 줄 알거든요. 그래서 '우리가 일상적으로 입에서 자주 나오는 영어식 표현들 이것만 알면 한국 사람과 대화가 가능하다' 이러면서 제가 꼬십니다. (웃음) 그리고 '남한말 그 숨은 의미를 찾아서'라는 제목으로 수업을 하기도 합니다. 예를 들어서 '언제 한 번

하나원에서 이루어지는 언어교육은 약 30시간 정도의 정규프로그램
과 주2회 정도 1시간씩 진행되는 선택프로그램으로서 상담프로그램을
진행하고 있다. 남한 사회 정착에 필요한 생활언어를 익히기에는 절대
적으로 시간이 부족하다. 뿐만 아니라 생활에서 접하는 언어 차이를 제
대로 인지하지 못한 상태에서 이루어지는 언어교육으로는 한계가 있다.
무엇보다 북한이탈주민들이 남북의 언어 차이는 대한민국에 진입했을

밥 먹어요', 그러면 이북에서 온 사람들은 꼭 밥 먹어야 됩니다. 안 그러면 왜
한국사람들 거짓말 하냐고 이렇게 받아들일 정도거든요. 그래서 '숨은 의미
를 찾아서'라는 제목을 정해서 안내하고요. 그 다음에 발음 억양 교정을 합니
다. 실제로 수업시간에 표준발음 연습이 4시간이 있습니다만, 그 시간 동안
안내를 다 할 수가 없어요. 그래서 그때는 이렇게 공부하면 됩니다, 정도로
안내하고요. 그 다음에, 개별 맞춤형 학습으로 넘어갑니다. 이것은 이제 선택
수업입니다. 고객들이 오시면 1:1 혹은 한 조에 7명에서 10명까지도 구성을
해서 공부를 시키고, 그 다음에 상담실 안에 '열린 랩실'이라고는 제목으로 작
은 랩실을 마련해뒀습니다. 그래서 본인들이 헤드폰, 헤드셋 꽂고 연습을 할
수 있도록 그렇게 환경을 만들었거든요"

때보다는 사회에 진출하였을 때 더 크게 느끼기 때문이다.

남북 언어 차이는, 언어의 표준이 다르고 언어 환경이 달라졌기 때문이다. 북한이탈주민의 초기 적응교육을 하는 하나원에서도 적응 문제를 중요하게 인식하면서 언어 교육을 하지만 단기간 내에 문제를 해결할 수는 없다. 이런 상태에서 사회로 나갔을 때에는 그 차이를 더 크게 느끼게 되는 것이다.

남북한의 언어 차이는 고스란히 북한이탈주민의 적응에 반영되어, 북한이탈주민에게 언어 차이는 예기치 못한 장애로 느껴진다. 북한이탈주민들의 입장에서는 언어로 인해 어려움을 겪을 것이라는 것은 예상하지 못했기 때문이다. 북한이탈주민이 느끼는 언어 적응의 어려움은 다음과 같다.

첫째, 외래어 및 언어 차이로 인한 어려움이다. 특히 외국어 사용이 낯선 북한이탈주민들이 겪는 가장 큰 어려움 가운데 하나이다. 거의 모든 북한이탈주민들은 직장이나 사회생활에서 외국어 때문에 어려움을 겪는다. 남한 사회에 일상화된 외래어조차도 북한이탈주민에게는 일상생활에서 겪는 큰 장애의 하나이다.

> 사장님이 자기 방에 가서 다이어리를 가져오라고 했어요. 그랬는데 다이어리가 뭔지 몰랐어요. 다이어리가 자동차 부품, 베어링 같은 느낌이 들어서－책상에 있다는데 아무리 봐도 그런 건 없어서 구석구석 뒤졌어요. 그런데 가전제품 회사에 왜 그런 게 있을까 싶은 거예요. 사장이 제가 안 오니까 다른 사람을 보냈는데 "왜 이거 두고 거기서 그러고 있냐"고 하는 거예요. 그래서 갔더니 사장이 직원들 경리 20명 정도 앞에서 절 세워놓고 "설마 다이어리가 뭔지 몰라서 못 가져 온 거 아니지?"라고 이야기를 하는데 사람들이 키득키득 웃는 거예요. 아ー 정말 그 얘기를 듣는데 얼굴이 빨개지고 어찌할 바를 몰라서ー 눈물이 펑펑 나는 거 있잖아요. 사람들 많은 데서ー 진짜 기가 막혔죠. 그런데 이게 첫 번째 스타트

었어요. 이런 일이 하도 많아 가지구(H, 인터뷰 중에서)

'게사니'라는 말을 잘 모르죠. '거위'를 이야기하는 북한 말인데 북한 가서 '거위'라고 말하면 못 알아듣습니다. 북한에서는 해충을 '거이', '거시' 이렇게 말하거든요. 그래서 잘 못 알아듣고, '거위고기'하면 거기서는 '해충고기'라고 알아들어서 깜짝 놀랄 거예요.(B, 인터뷰 중에서)

남편하고 북한여자 사는 집에 들어가서 "선생님 왜 요새 못쓰게 됐습까?"라고 하니까 남편이 못쓰게 되었다는 말이 무슨 말인가 물어보더라구요. 그래서 생각해보니까 못쓰게 되었다는 말이 쓰지 못하게 됐다는 말이잖아요. 북한에서는 일상적으로 그런 이야기를 하니까. 그래서 또 하나의 실수구나─ 라는 생각이 들었죠. 또 부실하다고 하는 말은 북한에서 장애인한테나 쓰는 말이거든요. 근데 여기서는 흔히 쓰는 말이니까 경영 부실이라던가. 또 북한은 꺼지라는 말이 없어요. 근데 꺼지라는 말이 저희가 듣기에는 정말 야비하게 들리거든요.(A, 인터뷰 중에서)

남북부부의 결혼생활에서도 언어로 인한 갈등이 적지 않다. '같은 한국말이 뭐가 그리 다르랴' 싶지만, 북한이탈주민은 외래어를 많이 사용하는 한국인의 언어습관에 익숙지 않아 어려움을 겪는다.[16] 남한주민과 북한이탈주민의 언어 차이는 북한이탈주민의 경제적인 적응에도 영향을 미친다. 특히 외래어가 많은 우리의 언어는 일상은 물론 직장에서의 생활을 어렵게 만든다. 다른 능력이 있음에도 불구하고 언어를 이해하지 못한다는 이유만으로 능력을 평가 절하당하고, 다른 사람이 꺼리는 일이나 허드렛일을 맡기도 한다. 언어 차이는 대화의 어려움, 대화의 단절을 초래하고 자신감까지도 잃게 한다.

---

16) 최효정, 「구술생애사로 본 '남북부부'의 결혼생활」, 동국대학교 석사학위논문, 2013, 164쪽.

제가 와서 1년 동안은 너무 어지러워서 말을 하면 한국어로 전화를 못
받았어요. 상대방이 말하는 것을 너무 집중해서 들으려고 하니까 땀이 나
는 거예요. 그리고 회사에서 주문서를 받는데, 제가 한동안 전화를 못 받
았어요. 제가 전화를 받으면 하나도 못 알아들었거든요. 그래서 꼭 다른
사람이 한 번 더 내용을 봐야 했어요. 정말 진짜 고생 엄청 했어요.(H,
인터뷰 중에서)

말투도 고치고 요리도 하고 공부도 많이 했다. [아]씨가 처음에 조선족
교회에 갔을 때 언어적으로 3분의 1도 못 알아들었다. 영어도 섞여 있어
서 더 그랬다. 말투를 고치기 위해 부단한 노력 끝에, 이제는 잠깐잠깐
이야기를 나눌 때에는 북한 출신인지 상대방이 모를 정도가 되었다. 물론
길게 이야기하면 눈치를 채기도 하지만… 단어를 바꿔 말하는 것은 어렵
지가 않은데 남한에 온 지 5년이 되어 가도 안 고쳐지는 것이 있다.[17]

둘째, 발화태도의 차이이다. 북한의 언어는 명시성을 강조하고, 남한
의 언어는 예절을 강조한다. 북한이탈주민들은 남한 주민들이 예의적으
로 이야기 하는 것을 명시적으로 이해한다. '밥 한번 먹자'는 말을 하면
'밥을 먹어야 한다'고 생각하고, '바쁘니까 이따 전화할게'라고 하면 전화
기 앞에서 기다린다. 남북의 언어 차이는 곧 남한사람과 북한 사람에 대
한 인식으로 전이된다. 남한 주민들은 북한이탈주민들이 서슴없이 자신
의 의견을 제시하는 것을 보면 당황해 한다. 어떻게 '나한테 저렇게 이
야기할 수 있을까?', '내가 무엇을 잘 못했나'라고 생각한다.

이해해줬으면 하는 부분이, 북한 사람들은 정말 직설적이라는 점이에
요. 그런데 그런 부분은 북한에 있으면서 매주 생활비판 문화가 있었고,

---

17) 이민영, 『남북한 이문화 부부의 통일이야기—북한이탈주민과 남한주민의 결
혼 생활에 관한 네러티브 연구—』, 한국학술정보, 2007, 158쪽.

그래서 비판적이고 직설적으로 말하는 게 일상생활이었단 말이에요. 그러다 보니까 여기는 하려는 말도 에둘러 이야기하는데 직설적으로 말하는 북한 사람과 이야기할 때 힘들어 하더라구요. 저는 이게 가장 큰 문화적 차이라고 생각해요. 탈북자들은 본심이 아닌데 남한 사람들은 공격당한다고 생각하는 거죠.(C, 인터뷰 중에서)

우리말	북한말	우리말	북한말	우리말	북한말
결련	마라초	쌀밥	이밥	은행원	은행지도원
괜찮다	일없다	서커스	교예	짝꿍	짝패
냉면	랭면	셋방살이	웃방살이	주유소	연유소
냉장고	랭동기	수중발레	수중무용	지하도	지하건늠길
누룽지	가마치	슬리퍼	끌신	찌개	남비탕
도넛	가락지빵	승용차	소형차	채소	남새
드레스	달린옷	식혜	감주	초등학교	소학교
모닥불	우등불	아파트	고층살림집	헤드폰	머리송수화기
불도저	불도젤	에어컨	랭풍기	헬리콥터	직승기
사례발표회	경험발표회	원피스	달린옷	화장실	위생실

남,북한 식생활 용어차이

남 한	북 한
잡곡밥	얼럭밥
아이스크림(ice cream)	얼음보숭이
장아찌	자짠지
찌개	지지개
반찬	찔게
냉면(冷麵)	찬국수
수제비	뜨더국
물에만밥	무랍
누룽지	가마치
감미료(甘味料)	단맛감
계란찜	닭알두부
어묵	고기떡
양배추	가두배추

통일관에 전시된 남북의 언어 비교표. 언어 차이에 대한 맥락의 이해 없이 남북의 언어가 다르다는 점만 부각된다. 언어를 통해 남북한을 구분한다는 것은 남북의 문화적 단절을 의미한다.

'남한말 그 숨은 의미를 찾아서'라는 제목으로 수업을 하기도 합니다. 예를 들어서 '언제 한 번 밥 먹어요', 그러면 이북에서 온 사람들은 꼭 밥 먹어야 됩니다. 안 그러면 왜 한국사람들 거짓말 하냐고 이렇게 받아들일 정도거든요.18)

셋째, 남북 언어의 화법 차이로 인한 어려움이다. 남북의 언어문화 차이 중 하나로, 북한이탈주민의 언어는 직설적인 화법이 중심이다. 북한 언어문화의 특징이기도 하다. 에둘러 표현하기보다는 직접적이고 분명하게 표현한다. 남한주민과 대화할 때는 대화 이면에 숨은 뜻을 이해하기보다는 표현된 언어 자체로 받아들인다. 가령 "해 주시겠어요"라는 표현은 부드러운 명령으로 이해되지만 북한이탈주민에게는 질문으로 이해된다. 또한 북한이탈주민은 직접화법을 일상적으로 사용한다. 자신이 경험하지 않은 것도 직접 경험한 것처럼 말한다. "책에서 읽은 적이 있다"고 이야기하기보다는 본인이 직접 경험한 것처럼 이야기하는 경향이 있다. 한국에서 써 놓은 북한 책을 읽고 그것을 자기 것으로 표현을 하는 경우19)도 있어서, 이러한 언어 화법을 이해하지 못하는 남한 주민은 북한이탈주민이 거짓말한다고 생각하는 것은 당연한 일이다.

---

18) 정진아 외, 「기획좌담: 남북 공통성의 이론과 실제」, 『통일인문학논총』 제53집, 건국대학교 인문학연구원, 2012, 17쪽.

19) (한정미)"만나서 면담을 하실 때 꼭 고려해 두어야 할 게 있는데, 이분들은 제가 아까 '직접화법을 쓴다'라고 했죠. 들은 적이 있다. 소문을 들은 적이 있다. 책에서 읽은 적이 있다. 이렇게 이야기 하지 않습니다. 다 직접화법입니다. 본인이 직접 경험한 것처럼 이야기를 합니다. 그래서 한국에 와서, 한국에서 써 놓은 북한 책을 읽고 그거를 자기 걸로 표현을 하는 경우가 굉장히 많아서 '오류가 날 수도 있다'라는 거예요. 그래서 북한이탈주민을 많이 만나시게 될 터인데 만나시면 질문 끝에 꼭 한 번씩 확인을 해주셨으면 좋겠다는 거예요. 당신이 직접 봤느냐를 확인해주시고, 그것이 직접 본 것이 아니라면 책에서 읽었느냐, 어디의 책에서 읽었느냐, 소문은 어디에서 들었느냐, 이런 확인 작업을 좀 해주셔야지 오류를 좁힐 수 있다고 생각합니다." 위의 글, 52쪽.

2) 북한이탈주민의 문화적응과 남녀의 성역할

남북의 문화 차이에 대해 연구자들은 북한의 경우에는 전통적인 가부장제 문화의 성격이 강하게 유지되고 있으며, 군사문화의 영향이 크기 때문으로 해석한다.

> 조명숙 교감은 북한인을 규정하는 세 종류의 문화를 언급하였다. 첫 번째는 가부장 유교문화이다. 어버이 수령을 정점으로 하는 정치적 위계를 확립시키기 위해 유교 가부장문화는 북한사회 안에서 매우 공고하게 자리 잡고 있는 것으로 보인다. 두 번째 문화는 군사문화이다. 군사문화는 매우 직설적이고 극단적 화법을 북한화법으로 정착시켰으며, 죽기 아니면 살기 식의 생존양식을 만들었다. 군사문화 안에서 사람들은 관용의 가치를 익히기보다는 '이기지 않으면 죽는다'는 극한상황의 가치관 하에 잘못을 저질러도 시인하지 않고 오히려 공격적으로 나가는 일상적 태도를 습관화하였다. 이런 태도는 한국사회의 기준으로 보면 '뻔뻔한' 태도로 간주되는 것으로, 탈북자들의 소외를 가중시키고 있다.[20]

남북한 주민의 문화적 차이가 보다 직접적으로 확인되는 경우는 남북한 이문화 부부의 사례이다. 배우자의 한 사람이 북한에서 성장하여 부부가 된 '남북 이문화 부부'는 사랑으로 결혼하였지만 결혼생활을 하면서 문화적 차이, 문화적 편견으로 인해 어려움을 겪는다.

북한 이주민에 대해 남한 배우자는 함께 '이방인', '2등 국민'이 되는

---

20) 김혜숙, 「여성주의와 치유의 인문학: 탈북여성의 문제를 중심으로」, 『제2회 세계인문학포럼 발표자료집』, 세계인문학포럼, 2012, 205쪽.

것을 거부하고, 동정과 연민으로 다가가면서 사회의 관용성을 보여주는 영웅적 생각을 하기도 한다. 북한 배우자들을 '나 정도 되니까 당신을 이해한다', '내 말을 들으면 자다가도 떡이 생긴다'는 식으로 무조건 따라야 한다고 주장한다. 이러한 태도는 사회적 편견에 시달려온 북한 배우자의 '자존심'을 건드리게 된다. 이렇게 시작되는 남북한 이문화 부부 간의 갈등은 기존의 남북한에 대한 이미지나 정보를 가지고 서로의 행동을 해석하며 격해지고, 폭력이나 가출로 마무리될 정도로 심각해지기도 한다. 더욱이, 북녀남남 부부 유형의 경우, '남남북녀 이데올로기'가 작용한다. 북한 여성이 착하고 순종적이며 얼굴도 미인이라는 '남남북녀'식 미화적 표현은 남한 남성들에게 과거 남녀역할이 현재에도 유지될 것이라는 환상과 기대를 갖게 만든다. 북한 여성의 '자기 주관을 뚜렷이 견지하는 경향과 결단력 있는 특성(혁명적 여성상)'은 남한 남성이 기대하지 않는 모습이다. 북한 여성 배우자가 자주적이고 강한 모습을 보여줄 때, 남한 남성 배우자는 당황하고 저항으로 느끼면서 부부 갈등으로 표출시키기도 하였다.[21]

가부장적 전통에 대한 인식과 군사문화의 영향으로 북한에서 여성의 역할이나 가정 내에서의 기여는 무시되는 경향이 있다. 여성은 무조건 순정적이어야 하고, 남편과 가족을 우선시해야 한다고 생각한다. 성역할에 따른 차이는 특히 남북 이문화 부부의 불화 원인이 되기도 한다.[22]

---

21) 이민영, 『남북한 이문화 부부의 통일이야기-북한이탈주민과 남한주민의 결혼 생활에 관한 네러티브 연구-』, 한국학술정보, 2007, 195~196쪽.

22) "남한여성과 결혼한 북한출신 남성의 경우, 보편적인 북한출신 남성이 그런 것처럼 여성의 가정 내 기여는 무시되는 경향이 있으며, 여성은 무조건 순종적이어야 하고 남편과 가족을 우선시해야 한다는 강한 유교적·전통적 성역할(gender roll) 의식 및 태도를 지니고 있기 때문에 부부갈등에 원인이 되는 것으로 보여 진다." 김현경, 「남북한 이문화 부부의 적응에 관한 연구-남한 주민과 결혼한 북한출신 배우자의 부부 적응에 대한 인식을 중심으로」, 『한국가족관계학회지』 제15권 1호, 한국가족관계학회, 2010, 46쪽.

북한이탈주민의 문화적응 과정에서 겪는 어려움에는 남한 주민의 잘못된 시각이 결정적이다. 문화적 갈등의 기층에는 한반도 분단 구조가 낳은 대립적 시각이 작동하고 있음을 확인할 수 있다. 북한이탈주민에 대한 차별의식은 다음과 같은 요인으로 인해 발생하는 것이 크다.

첫째, 북한에 대한 부정적 인식이 북한이탈주민에 대한 시선으로 옮겨진다는 점이다. 남한 주민의 북한이탈주민에 대한 시선은 긍정적이기보다는 부정적인 면이 많다. 남북관계가 경색이 될 때 북한이탈주민에 대한 부정적인 태도 역시 증가한다. 북한이탈주민은 북한을 이탈한 존재임에도 불구하고, 남한 주민은 이들과 북한 정권을 분리시켜 이해하지 않고 있다. 북한정권과 북한에 대한 적대감이 북한이탈주민에 대한 시선과 직결되고 있는 것이다.[23) 북한에 대한 부정적인 시선은 그대로 북한이탈주민에게 전이된다. 북한이탈주민이 느끼는 시선의 대부분은 북한을 바라보는 남한주민의 시선과도 관련된다. 남한 주민이 북한을 직접 경험할 수 있는 기회는 제한되어 있다. 북한에 대한 정보는 대부분 미디어를 통해 형성된 것이다. 직접적인 경험보다는 보이지 않는 곳에서 일어나는 미디어의 세례가 중요하게 작동한다. 방송드라마나 영화 등을 통해서 보여 지는 북한이탈주민에 대한 표상은 일반인들에게 상당한 영향을 준다.

둘째, 북한에 대한 왜곡된 정보를 바탕으로 북한이탈주민 개개인의 특성을 무시하고 과도하게 일반화 한다는 점이다. 북한이탈주민에 대한 시각은 대체로 하나의 집단으로 일반화되어 있다. 북한이탈주민 개개인의 경력이나 북한에서의 사회적 지위, 연령, 성별 등의 개인 차이가 작동할 여지는 별로 없어 보인다. '북한이탈주민'으로 통칭되는 집단성으

---

23) 정진아, 「남한주민과 북한이탈주민의 생활문화 기초 조사—서울·경기 지역을 중심으로—」, 『역사문화연구』 제48집, 한국외국어대학교 역사문화연구소, 2013, 243쪽.

통일전시관에 전시중인 북한주민의 일상을 재현한 밥상 차림과 실내.
북한의 문화를 경험하기보다는 남북의 차이를 더 크게 인식하게 한다.

로 이해된다. 북한이탈주민에 대한 개인적 경험을 곧잘 북한주민 전체
의 일로 일반화하여 단정한다.[24]

3) 북한이탈주민과 남한주민의 은밀한 적대감

남한주민과 북한이탈주민의 문화 갈등은 곧 정체성과 연결된다. 남한
주민들이 북한이탈주민에 보내는 시선은 대체로 부정적이다. 남한주민
이어도 비슷하게 반응했을 상황에 대해서도 북한이탈주민이라고 해서
특별하게 인식하기도 한다. 북한이탈주민들이 민감하게 반응하는 것도
이 부분이다. 남한주민과의 대화 속에서 차별을 느낀다.[25]

---

24) 신미녀는 남한주민이 북한이탈주민에 대해 편견을 갖는 이유는 첫째, 북한정
   권에 대한 혐오감, 둘째, 남한에 대한 낮은 지식수준, 셋째, 북한에서 왔다는
   것 때문인 것으로 조사되었다. 신미녀, 「남한주민과 북한이탈주민의 상호인
   식」, 『북한학연구』 제5권 2호, 동국대학교 북한학연구소, 2009, 128쪽.
25) 정진아 외, 「기획좌담: 남북 공통성의 이론과 실제」, 『통일인문학논총』 제53
   집(건국대학교 인문학연구원, 2012), 28쪽 : "(모순영) 정치적 사회적 환경의
   차이가 달라서, 이들이 말씀하시는 화법이 많이 달라졌습니다. 이런 경험들
   있으실 거예요. 여러분들이 한국에 나와 있는 북한이탈주민들하고 대화한다
   면, 그들은 우리를 약간의 좀 사회적 위치가 높은 사람으로 생각하면서 우리

일부의 북한이탈주민 지원 실무자들은 "이렇게 좋은 프로그램인데 왜 안 오는지 모르겠다"며 "탈북자들은 고마워할 줄 모르고 돈이나 선물을 줘야 온다"며 "불평을 늘어놓는다". 하지만 구술자는 이는 "북한이탈주민의 특성이 아니라 경제력이 불안정한 사람한테는 당연히 나타나는 모습"이라고 말한다. 북한이탈주민뿐만 아니라 우리나라 달동네 사람들이나 기초생활수급자인 사람들도 마찬가지로 "먹고 살기 바쁜 와중에 하루에 몇 시간 교육을 받으며 앉아 있기보다 일당으로라도 일하고 저녁이나 주말에는 집에서 쉬는 게 아닌데" 그럼에도 거기에 갈 이유가 있으려면 보상이라도 받아야 한다는 것이다.26)

> 한번은 북한 사람이 죽었어요. 그래서 장례식을 가려고 했더니 저보고 꼭 가야 하냐고 하는 거예요. 정말 싫었어요. 장례식을 간다면 가는 게 맞잖아요. 그래서 이걸 저는 차별이라고 느꼈어요. 한국 사람이면 안 잡았을 거예요. 거기다가 북한 사람이면 친척 형제들도 없을 테니까 더 가야죠.(C 인터뷰 중에서)

북한이탈주민들은 남한 주민의 부정적 시선을 인식한다. 그리고 그 부정적 시선으로부터 자신의 정체성을 재구성한다. 어디를 가든, 누구를 만나든 '나를 어떻게 인식하는가?'라는 외부의 시선을 의식하지 않을 수 없다. 남한 사회의 불편한 시선 속에 스스로의 위상을 규정하는 것이

들한테 칭찬이나 찬사를 아낌없이 하려고 해요. 그럴 때 그들이 보내는 칭찬과 찬사 갖고 "이게 참 자연스럽다. 정말로 칭찬하는구나"가 아니라 아까 "저게 뭐지?" 하고 이상한 해석을 하게 되듯이 표현하는 방법이 우리랑 다른 거죠. "감사합니다" 하면 될 것을 "어우, 감사합니다!" 이러고 나면은 우리는 저 사람의 진정성에 대해서 의심을 할 수 밖에 없게 되는 거죠. 그런 식의 이제 차이들이 있다는 것입니다."

26) 최효정, 「구술생애사로 본 '남북부부'의 결혼생활」, 동국대학교 석사학위논문, 2013, 114~115쪽.

다. 자존감이나 긍정적인 인식이 형성되기 어려운 것은 당연한 일이다.

> 그분들이 가져다 주시는 음식들이 제가 보면 거의 다 제가 하는 것이
> 랑 비슷해요. 그런데 제가 해다 드리면 왠지 '북한 여성'이 한 음식이라는
> 점에서 거부감을 느낄 것 같아요. 그래서 제가 생각하기에 '과일'을 가져
> 다주고 인사해야겠다는 생각을 했어요.(D, 인터뷰 중에서)

> 아들이 고향이 북한으로 되어 있잖아요. 그래서 장인 · 장모가 이걸 어
> 떻게 받아들일지 걱정이 되어요. 좀 받아들이기 힘들 것 같아요. 주변에
> 서 그런 사례를 본 적은 없지만 대한민국 사회의 일반 흐름이 북한에 대
> 한 인식을 무조건 안 좋게 보니까요. "왜 하필이면 북한 애냐." 이렇게 할
> 것 같아요.(C, 인터뷰 중에서)

북한이탈주민들은 남한 주민들과의 사이에서 느끼는 상실감을 무기

북한의 현실을 알려주는 〈내 딸을 백 원에 팝니다〉와 영상물.
북한이탈주민에 대한 시선을 형성하는 계기가 된다.

력하게만 받아들이지 않는다. 앞서 살펴 본 바와 같이 신체화로 나타나기도 하지만 자기방어를 위한 대응논리를 만들기도 한다. 북한문화에 대한 긍정적인 측면을 부각시키는 전략을 사용하기도 한다. 북한문화의 특수성을 거부할수록 자신이 살아 온 과거와 가족에 대한 '정당성의 상실'을 경험하기에 북한문화의 긍정적인 측면을 부각시키면 자존감을 지키는 것이다.

대부분의 북한 배우자들은 남한 배우자들에게 북한이 남한보다 더 나은 점들을 설명하고 설득시키면서 스스로의 정체성과 사회적 열등감을 회복하려고 한다. 북한이 더 인간적이며, 자연주의적이고, 원리 중심적이고, 본질적이고, 거시적 사상적 정신력이 앞선다는 것, 추진력도 있고 알뜰하며 말도 잘한다는 것, 모두 다 굶주리는 것은 아니라는 것 등의 이유를 찾는다. 이에 대한 남한 배우자들은 20~30년 전 남한에서도 그랬다며 여전히 북한을 후진적으로 바라보거나, 북한적인 것이 더 낫다는 것을 동의하면서도 현재의 남한에서 필요한 것은 아니라는 태도를 보이기도 한다는 것이다.[27]

스스로의 '가치 하락'을 막기 위해 사용하는 전략 속에서 문화적 경계가 만들어 진다. 남한 주민의 차별 의식이 강할수록 경계의 벽은 견고해진다. 북한이탈주민들이 더욱 좌절하는 것은 은밀한 적대감이다. 대면에서 직접적으로 차별하는 것은 차라리 상대하기가 편하지만 보이지 않게 은밀하게 이루어지는 적대감에 대해서는 무기력할 수밖에 없는 존재이기 때문이다. 사랑으로 이루어지는 행위 속에 감춘 차별의식, 친절 속에 감추어진 거리감, 세련된 방식으로 표현되는 적대감은 북한이탈주민의 좌절감을 더욱 크게 만든다.

---

27) 이민영, 『남북한 이문화 부부의 통일이야기—북한이탈주민과 남한주민의 결혼 생활에 관한 네러티브 연구—』, 한국학술정보, 2007, 197쪽.

저는 교회를 가요. 근데 저는 교회를 나가서 스트레스를 받아오기도 해요. 차라리 무지한 사람들한테 스트레스 받으면 '똥 밟았다'고 생각하는데 교회에서 "하나님의 이름으로" 이런 소리 하는 사람들이 돌아서서 입담 까고 앉아서 잡소리 하고 있을 때는 '저 사람들은 교회 왜 나오지'하는 생각을 하다가 제가 뭐라고 이런 얘기를 하나 싶기도 해요. 정말 최고의 벌은 '무시'잖아요. 제가 그걸 터득하고 나니까 그런 스트레스 받는 게 좀 줄어들었고,(H, 인터뷰 중에서)

남북 주민의 경계 만들기와 적대감의 근원에 남북 분단이라는 현실이 있다. 분단의 정치적 현상은 남북 주민에 대한 폭력적 시각을 낳았다. 북한이탈주민들이 가장 힘들어하는 것은 북한을 바라보는 폭력적인 시선을 고스란히 받는다는 것이었다. 북한이 싫어서 나왔지만 북한으로 향한 시선을 온전히 받아야 한다는 것은 또 다른 폭력으로 다가왔다. 문화적 차이로 충돌할 때면 '다르다'고 보기보다는 '틀리다'고 보아졌다.

이러한 갈등 속에서 북한이탈주민은 무기력하게 대응할 수밖에 없다. 돌아갈 곳이 없기 때문이다. 북한이탈주민과 여타 해외코리언과의 가장 큰 차이점은 고향으로 돌아갈 수 없다는 것이다. 어떤 상처를 받아도 돌아갈 수 없는 고향을 두고 있다. 현실적으로 돌아갈 수 없기에 북한이탈주민의 귀환의식은 유예되어 있다고 할 수 있다. 고향에 대한 강한 열망이지만 현실적으로 돌아갈 수 없는 '언제가는 돌아가야 할 기약된 미래'이자 '현재를 살아가게 하는 동력'이다. 북한이탈주민의 육체는 고향을 떠났어도, 고향에 대한 그리움, 고향회귀의식은 이탈되지 않았다. 무기력하게 남한 사회의 질서와 의식을 강요당하는 지점이다. 이런 상황에서 남북 주민의 문화통합을 기대하기는 어렵다. 나아가 통일과정에서 발생할 문화적 갈등이 자연스럽게 해소되기를 기대하기는 더욱 어렵다.

통일과정에서 이루어야 할 과제로서 문화통합은 통일 한국의 미래와 연관된다. 통일은 남북이 지금까지 경험하지 못했던 전혀 새로운 사회로의 전환을 의미한다. 통일한국의 문화공동체는 삶과 유리된 것이 아니다. 문화통합의 문제는 특정 분야에 제한되는 문제가 아니다. 온전하게 우리의 일상 전체가 새로운 환경에 접하게 된다는 것을 의미한다. 통일을 위한 전사회적인 준비가 필요하다. 우리 사회의 구조적인 변화, 통일에 대한 준비가 필요하다. 통일과정은 남북 주민이 직면하게 될 새로운 사회로의 적응을 위한 준비 과정인 것이다. 통일에 대한 시나리오와 포스트 분단세대를 위한 준비가 필요하다.

4) 북한이탈주민을 바라보는 시선, 마음의 울타리

북한이탈주민을 바라보는 시선은 단기적으로 만들어진 것이 아니다. 분단 이후 남북 사이에 형성된 분단의 민족사와 같이 한다. 전쟁을 치루

6·25를 소재로 한 그림 속의 북한군의 이미지

었던 적대감정과 통일의 대상으로서 동포의 시선이 교차되기도 한다. 북한에 대한 정보의 대부분은 분단 감정이라는 여과망을 통해 걸러진 채로 전해진다. 북한을 제대로 공부하거나 북한 체제를 경험한 남한 주민은 많지 않다. 전쟁을 경험했거나 분단의 시간을 보내면서 겪었던 북한에 대한 인식이 그대로 재현된다.

최근 북한 정보의 대부분은 방송이나 인터넷을 통해 파편적으로 얻는다. 남북 주민이 직접적인 접촉이 제한되어 있고, 남북 주민이 상대 문화에 대해 접촉하는 것은 대단히 제한적이거나 불법적인 행위가 된다. 미디어는 가장 일반적으로 북한 정보를 얻는 수단이다. 북한이탈주민과 직접적인 접촉이 없는 대부분의 한국 국민들은 북한이탈주민에 대한 정보를 언론이나 미디어를 통해 얻는다. 종합편성 방송이 생겨나면서 북한관련 정보도 확대되었고, 방송을 통해 보여주는 북한에 대한 인식과 시선은 그대로 북한 정보로 수용된다. 방송의 영향력은 대단히 크다. 통일을 위한 준비, 남북 주민의 통합을 위해서도 방송의 역할을 대단히 중요하다. 동서독의 사례나 중국과 대만의 사례를 통해서도 문화통합을 위한 방송의 역할을 확인할 수 있다.[28)]

방송의 가장 중요한 역할 가운데 하나는 객관적인 정보 제공이다. 남북 주민들이 상대에 대한 정보를 얻는 유일한 창구가 방송이다. 우리 사회에서는 북한이나 통일 문제를 다루는 시간이 늘어나면서 관련 정보가 많아졌다. 공중파의 통일방송이나 종합편성채널에서 남북문제를 다루는 방송이 많아졌다.[29)] 통일관련 방송 프로그램은 늘어났지만 이들 방

---

28) "역사적으로 분단된 동서독 주민들이 상대측에 대한 반감을 해소하고 통일의 열망을 키우는데 있어 결정적 역할을 한 것은 바로 중립적이고 통일지향적인 방송"이었다. 통일과 방송의 역할에 대해서는 공영철 외, 『인터넷 통일방송 확대발전 및 컨텐츠 제작 활용방안 연구』, 미래전략연구원, 2013; 김명준·탁재택, 『남북 통합을 위한 방송의 역할 연구』, 한국방송학회, 2014 참고.

29) 북한과 관련한 방송으로는 2013년을 기준으로 '지상파TV방송'인 KBS1의 〈남

송 프로그램의 시청률은 제한적이다. 2013년 10월 1일부터 10월 31일까지 조사한 개별 프로그램(본방송) 시청률 평균은 KBS1의 〈남북의 창〉(8.29%)을 제외하고는 2%를 넘지 못하는 것으로 조사되었다. [30] 일부 방송에서는 시청률을 지나치게 의식하면서 방송에서 다루기 부적절한 내용이나 신뢰도가 낮은 내용을 방송하기도 한다.[31]

방송을 통해 보여지는 북한에 대한 인식과 이미지는 그대로 북한이탈주민에 대한 시선으로 옮겨진다. 방송언론의 객관성이 요구되는 부분이다. 하지만 북한이나 통일관련 방송언론의 경우에는 방송언론사의 프레임을 갖고 있다.[32] 방송언론사의 프레임은 특히 남북관계나 통일문제에 대한 보도에서 두드러진다. 남한 주민들에게도 통합지향적이기보다는

북의 창〉, MBC의 〈통일전망대〉와 종편채널인 채널A의 〈이제 만나러 갑니다〉, TV조선의 〈북한 사이드스토리〉, 뉴스전문채널인 뉴스Y의 〈북한은 오늘〉 등이 있다.

30) 공영철 외,『인터넷 통일방송 확대발전 및 컨텐츠 제삭 활용방안 연구』, 미래전략연구원, 2013, 2쪽.

31) 김명준·탁재택,『남북 통합을 위한 방송의 역할 연구』, 한국방송학회, 2014, 25쪽 : "최근에는 언론에서 북한 전문가, 엘리트 탈북자들을 활용하여 북한에서 발생하는 사건들에 대하여 다양한 의견을 반영하고 있다. 이러한 변화는 바람직하다고 하겠다. 다만 언론의 상업주의적 속성이 때로는 선정적인 이슈들에 지나치게 많은 지면과 시간을 할애하는 등 지양해야 할 부분이 여전히 나타나고 있다."

32) 엄한아,「한국언론의 탈북민 보도 프레임 분석」, 이화여자대학교 북한학과, 석사학위논문, 2015, 13~14쪽 : "언론의 프레이밍은 일차적으로 기자에 의해 형성된다. 가지가 아무리 객관적으로 기사를 작성한다고 해도 기자 스스로가 가진 프레임에 의해 사건을 인식할 수밖에 없기 때문이다. 하지만 기사 작성에 더 큰 영향을 미치는 것은 취재기자의 프레임이 아니라 언론사가 가지고 있는 정치적 성향이다. 일반적으로 취재기자는 취재과정에서 자신의 프레임과 자신이 속한 언론사의 정치적 성향이 충돌할 경우 자신의 개인적인 프레임을 포기하고 언론사의 정치적 성향을 선택한다. 자신의 취재기사가 실제로 보도되기 위해서는 언론사의 정치적 성향을 거슬러서는 안 되기 때문이다. 이런 경향 때문에 신문사들은 그 구성원과 상관없이 자신의 이데올로기적 색채를 유지하고 강화해 나가는 것이다."

전쟁을 통해 형성된 북한군의 이미지. 전쟁은 집단적 외상으로 남아 있다.

일정한 시선을 강요하는 편이다. 이런 과정을 통해서 우리 사회에서 남북문제나 통일문제에 대한 시선은 중립적이나 객관적이기보다는 어느 한편을 강요하는 울타리가 만들어진다.

남북의 차이가 부각되면서 북한 사회는 곧 '이상한 사람들이 사는 사회', '이해할 수 없는 사회'로 인식되고 있다. 나아가 북한이나 통일문에 대한 시선은 그대로 북한이탈주민에 대한 시선으로 옮겨진다. 북한이탈주민들은 북한 체제를 떠나왔음에도 불구하고, 자신의 신분이 노출될 때, '이상한 나라'에서 온 '이상한 사람'이라는 불편한 시선을 감내해야 한다. 북한 정보에 대한 편견과 무지를 해명할 시간이나 방법도 없다. 그저 자신을 그대로 보아 주기를 기대하면서 살아간다. '2등 국민'으로서 정체성을 규정해야 한다. 성공하지 못한 북한이탈주민들은 자신의 삶에 대해서 이야기할 시간도 없이 '무기력한 사람' 또는 '낙오자'가 되어야 했다.

남한 주민과 북한이탈주민 사이의 심리적 경계는 남북관계를 보는 시선의 구체적인 실체라고 할 수 있다. 분단을 경험한 세대들이나 분단이 주는 고통을 간접적으로 경험한 세대에게 북한주민이나 북한이탈주민은 통일의 대상이라는 시선이 남아 있다. 하지만 분단 이후에 출생한 세대들이 보는 시선은 다르다. 통일 문제에 대한 공론화를 위해서는 분단 세대와 분단 이후 세대의 차이에 대한 인식이 필요하다. 분단을 경험한 세대에게는 분단과 전쟁이라는 깊은 상처가 있다. 전쟁은 우리가 집단적으로 경험한 집단적인 외상이다. 사회적인 차원에서 분단의 인식을 각성하고, 북한에 대한 불신을 만들어 낸 직접적인 원인이다. 외상을 경험한 우리 사회가 통일을 지향하는 시선을 형성하기 위해서는 우리 사회에 내재한 과거의 상처, 집단적으로 경험한 심리적 외상을 이해하는 '역사의 재발견'이 필요하다.[33]

분단 이후의 세대에게 분단이 분단으로 인식되기는 어려운 상황이다. 분단은 자연스러운 현상이다. 이런 세대에게 통일은 당위성을 찾기 어려운 과제가 되고 있다. 통일해야 할 대상으로서 북한은 불편할 뿐이다. 북한이 낯설어지면서 북한이탈주민 역시 낯선 사람이 되었다. 방송언론을 통해서 점점 '이상한 존재'가 되었다. 남북 문화의 차이가 인식되면서 집단적인 경계가 만들어졌다. 집단적 경계는 이제 은밀하지만 조금씩 갈등의 날을 세우기 시작했다. 이와 함께 통일에 대한 우리 사회의 동력

---

33) 주디스 허먼 저, 최현정 옮김, 『트라우마―가정폭력에서 정치적 테러까지』, 플래닛, 2009, 18쪽 : "대중들은 무시무시한 사건들이 발생했다는 사실을 주기적으로 알게 되지만 그 앎이 오래가는 일은 드물다. 부정, 억압, 해리는 개인의 내적 수준에서뿐만 아니라 사회적인 수준에서도 작동한다. 심리적 외상에 대한 연구에는 '숨은' 역사가 있다. 외상을 경험한 사람들처럼 우리는 과거의 역사와 단절되어 있다. 외상을 경험한 사람들처럼 우리는 현재와 미래를 회복하기 위하여 과거를 알아야 한다. 그러므로 심리적 외상을 이해하는 일은 역사를 재발견하는 일에서부터 시작한다."

도 약해지고 있다.

통일 한국의 가치를 확인하고, 공유하는 과정을 만들어야 한다. 문화적 체험은 어떻게 인식되느냐에 따라서 통합적인 정체성을 형성할 수도 있고, 분리적인 정체성을 지향할 수도 있다. 특히 코리안의 경우에는 문화적 차이를 인식하기 이전까지는 한국인 또는 코리언으로서 정체성을 형성하지만 문화 차이를 인식한 이후에는 스스로의 정체성을 재구성하게 된다. 한국 문화체험을 한 재일동포의 경우에는 한국인으로 인식했다가 문화적 차이, 한국인의 차별의식을 경험하면서 '재일동포'로서 정체성을 재형성하기도 한다.[34] 남한주민과 북한이탈주민의 관계 역시 비슷하다.

북한이탈주민들이 한국 사회에 진입하면서 차이를 생각하는 경우는 거의 없다. 같은 민족, 같은 동포로서 동질성을 기대한다. 하지만 적응하는 과정에서 문화 차이와 차별을 경험하면서 '북한이탈주민이라는 정체성'을 형성하게 된다. 이 점은 통일 문제에 대해 시사하는 바가 크다. 남북 주민이 느끼는 공감대에 따라서 문화적 통합의 가능성도 달라진다. 남북 주민의 공감대를 형성하는 매체로서 방송과 미디어의 역할이 중요한 이유이다.[35] 경계를 만들고, 차이를 양성하는 현재의 구조로는

---

34) 윤다인, 「모국수학이 재일동포의 민족정체성에 미치는 영향에 관한 연구」, 서울대학교 사회학과 석사학위논문, 2012, 143쪽 : "일본에서 부모님께 일종의 반일 교육을 받으며 성장한 윤은미는, 모국수학을 하기 전까지는 자신을 한국 사람이라고 생각했었다고 말했다. 하지만, 모국수학을 하며 그녀는 재일로서의 민족정체성을 가지게 되었는데 이는 바로 그녀가 한국에서 체험한 다양한 문화 차이 때문이었다."

35) 김명준·탁재택, 『남북 통합을 위한 방송의 역할 연구』, 한국방송학회, 2014, 17쪽 : "평화적 통일을 달성하는 데 있어서는 남북한 주민들 간의 현실 인식에 대한 공감대가 클수록 그 가능성도 커질 수 있을 것이다. 따라서 각 종 미디어를 통해 다양한 정보와 대중문화를 남북한 사회구성원이 공유한다는 것은 통일의 여정에서 매우 중요한 변수가 될 것이다."

문화통합은 어렵다. 보편적 통일교육이 이루어지기 이전까지 상호 이해
와 통일에 대한 열망을 키우기 위해서는 중립적이고 통일지향적인 방송
이 필요하다.[36]

4. 맺음말: 문화통합의 가능성

북한이탈주민의 남한사회 정착 과정에서 문화적응 문제는 대단히 중
요한 문제의 하나이다. 북한이탈주민의 남한 사회 정착은 북한이탈주민
의 일방적인 적응의 문제로 접근하였다. 하지만 최근 들어 문화 차이에
대한 이해 문제가 중요한 문제가 되고 있다. 남북한의 문화적 갈등이 생
각보다 크고, 문화 차이가 북한이탈주민의 정착에 큰 장애가 되기 때문
이다.

하지만 북한이탈주민의 문화적응 문제가 부각되기 시작한 것은 최근
의 일이다. '최근'이라는 의미는 그 이전까지 적응 문제가 없었다는 의미
가 아니다. '최근'들어 새롭게 부각되기 시작하였다는 의미이다. 이전까
지 논의된 북한이탈주민 정착의 가장 큰 문제는 경제적인 문제였다. 적
응 중에서도 주된 논의 사항은 생존 문제였다. 북한이탈주민의 적응 문
제가 최근에서야 비로소 부각되기 시작한 것은 북한이탈주민의 적응 문
제가 근본적으로 소수자의 문제였기 때문이다.

북한이탈주민이 2만 명을 넘어서면서 문화적응의 문제가 개인이 아
닌 구조의 문제로 인식하게 된 것이다. 이와 함께 사회적 약자로서 북한

---

36) 공영철 외,『인터넷 통일방송 확대발전 및 컨텐츠 제작 활용방안 연구』, 미래
전략연구원, 2013, 1쪽 : "역사적으로 분단된 동서독 주민들이 상대측에 대한
반감을 해소하고 통일의 열망을 키우는데 있어 결정적 역할을 한 것은 바로
중립적이고 통일지향적인 방송이었음."

이탈주민에 대한 보호 차원에서 논의가 전개되었다. 하지만 보호 차원의 논의에서 벗어날 필요가 있다. 북한이탈주민이라고 해도 일정한 시간이 흐르게 되면 대한민국 국민으로서 살아가야 한다. 지원 중심의 제도로서는 오히려 의존적이고 자립적인 독립을 저해하기도 한다. 북한이탈주민과 한국인의 문화 갈등 문제는 문화 차이에 대한 편견에 그치지 않는다. 문화 차이는 폭력적 현상과 연관된다, 북한이탈주민에 대한 배타적 인식, 경멸과 무시의 폭력적 시선, 북한이탈주민에 대한 보이지 않은 폭력에 대한 무감각 등의 현상으로 나타난다. 이러한 폭력성은 다시 북한이탈주민에 대한 부정적 시선을 형성하는 계기가 되고, 다시 폭력적인 현상으로 이어지는 악순환 고리를 형성한다.

북한이탈주민의 문화적응 과정에서 겪는 어려움에는 남한 주민의 잘못된 시각이 결정적이다. 북한에 대한 부정적 인식이 북한이탈주민에 대한 시선으로 옮겨진다. 북한에 대한 정보가 제한된 남한 주민들은 북한에 대한 인식을 그대로 북한이탈주민에게 전이(轉移)하거나 북한이탈주민 개개인의 특성을 무시하고 과도하게 일반화 한다. 북한이탈주민은 남한 주민의 부정적 시선으로부터 차이를 인식하고, 스스로의 정체성을 형성한다. 드러나지는 않지만 남북의 문화 차이는 남한 사회 내에서도 새로운 적대감을 형성하고 있다.

북한이탈주민에 대한 인식은 개선되어야 한다. 종편방송에서 보여 지는 북한에 대한 부정적인 이미지는 북한이탈주민에 대한 왜곡된 시선을 낳을 수 있다. 북한을 바라보는 시선, 주로 언론을 통해 북한을 보았던 시선을 그대로 북한이탈주민에 대한 시선으로 동일시하는 태도는 버려야 한다. 방송언론에서도 보여주기나 시청률에 급급한 프로그램은 지양되어야 한다. 다수와 소수의 문제를 떠나 객관적으로 대할 필요가 있다. 필요 이상으로 과잉보호하거나 필요 이하로 폄하할 필요도 없다. 이제

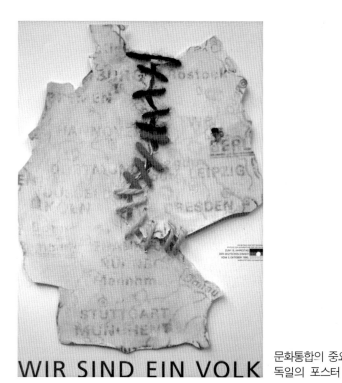

WIR SIND EIN VOLK

문화통합이 중요성을 강조한
독일의 포스터

는 긍정적인 사례를 만들고, 남북한 주민의 '친화력'을 증진시켜야 한다.

남북한 주민의 친화력 증진을 위해서는 기술적인 전략, 이성적인 판
단과 함께 정신적인 문제와 정서적인 접근이 필요하다. 친화력이란 이
성의 영역이기 보다는 감성의 영역이고, 감성적 접근이라는 새로운 전
략이 필요하다. 남북한 사이의 문화적 차이를 이해하고, 문화적 간극을
좁히기 위해서는 시간이 필요하다. 70년의 분단 시간이 흘렀고, 치열한
전쟁을 겪었다. 북한이탈주민을 바라보는 시선이 복잡할 수밖에 없다.
북한이탈주민을 바라보는 시선의 심연(深淵)에는 우리 사회의 분단 상
처가 투영되어 있음을 인지할 필요가 있다. 우리 사회가 분단의 상처를
안고 살아가고 있다는 것을 인정해야 한다. 나와 다른 생각을 하는 사람

이 있다는 것을 이해해야 한다. 나와 다른 생각을 신뢰하지 못하기 때문에 나와 같은 사람을 맹목적으로 믿고, 이성적인 판단을 멀리하게 된다.

남북한 주민 사이의 긍정적인 개념이 형성되어야 한다. 협력적이며 상호적인 공감대를 형성해 나가야 한다. 현재의 언론권력이 북한이탈주민을 다루는 방식의 접근은 배제되어야 한다. 친화력은 가치관이나 세계관을 버리고 동조하는 것이 아니다. 상호 이해를 통해 존재 자체를 인정하는 것이다. 이 과정이 순조롭게 진행될 때, 통일 한국이 지향해야 할 가치관이 새롭게 형성될 수 있다. 북한 사회문화와 심리지형에 대한 교육이 보완되어야 한다. 남북의 문화는 다르며, 남북은 오랫동안 익숙해진 문화적 관습이 있음이 인정되어야 한다.

남북한 주민의 소통을 위한 남북 문화에 대한 다층적 접근과 연구가 필요하다. 문화는 단순하게 문화 차이를 해소하는 긍정적인 역할만 하는 것이 아니다. 문화는 상호 문화의 차이를 확대시키는 기능도 한다. 분단에 대한 문화적 현상, 일상화된 현상을 성찰하고 통합의 가치와 함의를 찾아 나가야 한다. 이 과정은 궁극적으로 우리 사회에서 심화되고 있는 사회갈등을 완화하는 과정이며, 동시에 통일에 대한 사회적 동의와 동력을 형성하는 과정이 될 것이다. 남북한 주민의 문화적 소통을 위한 연구는 통일 과정에서 남북한 주민의 문화적 차이를 해소하는 데 기여할 수 있을 것이다. 나아가 통일 이후에 발생할 사회갈등을 해소하는 정책 개발에도 유용하다.

참고문헌

제1장 국내 거주 조선족의 정체성변용과 생활민속의 타자성 연구

강해순, 「중국 조선족 민족통혼 연구」, 『가족법연구』 26권 2호, 2012.

권태환·박광성, 「중국 조선족 대이동과 공동체의 변화－현지조사 자료를 중심으로－」, 『한국인구학』 27권 2호, 2004.

권향숙, 「조선족의 일본 이주와 에스닉 커뮤니티: 초국가화와 주변의 심화사이의 실천」, 『역사문화연구』 44집, 2012.

김영경, 「한국 내 조선족 청년들의 사회문화 적응력 향상을 위한 요구 분석」, 『한국기독교상담학회지』 Vol.15, 2008.

김영로, 「중국동포 집단적 거주지에 나타난 지역사회에 대한 중국동포의 인식변화에 관한 연구」, 『한국사회복지학』, Vol 63, No.3, 2011.

김현선, 「한국 체류 조선족의 밀집거주 지역과 정주의식－서울시 구로·영등포구를 중심으로」, 『사회와 역사』 87집, 2010.

노고운, 「기대와 현실 사이에서: 한국 내 조선족 노동자의 삶과 적응전략」, 서울대학교 석사학위논문, 2001.

문재원, 「초국가적 상상력과 옌볜거리의 재현」, 『한국민족문화』 47, 2013.

박경주, 「1990년대 이후 조선족 문학에 나타난 이중정체성의 갈등 탐구」, 『문학치료연구』 18집, 2011.

박광성, 「세계화 시대 조선족을 이해할 수 있는 핵심적 키워드」, 『미드리』 제6호, 2011.

박명희, 「"中華民族多元一體"로 보는 중국조선족의 정체성 문제」, 『新亞細亞』 17권 3호, 2010.

박 우, 「한국 체류 조선족노동자의 희망체류기간 결정요인분석」, 『재외한인연구』 30호, 2013.

박선영, 「중화인민공화국 동북지역에 거주하는 조선족의 역사적 정체성」, 『고구려연구』 29집, 2007.

박정군·황승연·김중백, 「중국 조선족 정체성의 결정요인: 사회인구학적 특
    성을 중심으로」, 『동북아연구』 Vol.26. No.1, 2011.

배영동, 「연변 조선족자치주 안동촌 주생활의 생태민속학적 접근」, 『비교민속
    학』 41집, 2010.

신동준, 「다문화사회 범죄문제의 사회적 맥락: 외국인 노동자에 대한 차별을
    중심으로」, 『형사정책연구』 제23권 4호, 2012.

안재섭, 「서울시 거주 중국 조선족의 사회·공간적 연결망: 기술적 분석을 중
    심으로」, 『한국사진지리학회지』 19권 4호, 2009.

양은경, 「민족의 역이주와 위계적 민족성의 담론 구성—조선일보의 조선족 담
    론 분석」, 『한국방송학보』 24-5, 2010.

예동근, 「공생을 만드는 주체로서의 조선족: '제3의 정체성' 형성에 대한 논의」,
    『재외한인연구』 제19호, 2009.

예동근, 「종족성의 자원화와 도시 에스닉 커뮤니티의 재구성」, 『동북아문화연
    구』 25집, 2010.

예동근, 「한국의 지역 다문화공간에 대한 비판적 접근」, 『동북아문화연구』 27
    집, 2011.

유명기, 「민족과 국민 사이에서: 한국 체류 조선족들의 정체성 인식에 관하여」,
    『한국문화인류학』 35-1, 2002.

윤영도, 「조선족·고려인 초국적 역/이주와 포스트국민국가적 규제 국가장치」,
    『귀환 혹은 순환: 아주 특별하고 불평등한 동포들』, 그린비, 2013.

이명자, 「동시대 한국 범죄영화에 재현된 연변/조선족의 로컬리티」, 『영상예
    술연구』 제24호, 2014.

이민주, 「재중동포의 상업활동과 정체성 형성—가리봉동 현장연구를 중심으로」,
    연세대학교 석사학위논문, 2007.

이영민·이용균·이현욱, 「중국조선족의 트랜스이주와 로컬리티의 변화 연구:
    서울 자양동 중국음식문화거리를 사례로」, 『한국도시지리학회지』 15권
    2호, 2012.

이옥희, 「이주민이 경험하는 민속문화 소통의 현주소와 전망」, 『남도민속연구』
    제23집, 2011.

이장섭 · 김혜란 · 양양, 「한국 다문화시대 조선족 이주노동자들의 사회적 지위에 관한 고찰」, 전남대학교 세계한상문화연구단 국내학술회의, Vol.2011, No.2.

이장섭 · 정소영, 「재한조선족의 이주와 집거지 형성: 서울시 가리봉동을 중심으로」, 전남대학교 세계한상문화연구단 국내학술회의, Vol.2011, No.12.

이정은, 「국가와 종족의 상호작용을 통해 본 조선족의 종족정체성」, 『비교문화연구』 16집 2호, 2010.

이정은, 「재중동포 사회의 차이와 소통의 문화정치: 한국내 조선족 커뮤니티의 구성과 교류」, 『민주주의와 인권』, 11권 제3호, 2011.

이종구 · 임선일, 「재한 중국동포의 에스니시티 변용에 관한 연구—서울 서남부 지역을 중심으로—」, 『산업노동연구』, 16권 1호, 2010.

이현욱, 「20~30대 조선족의 초국가적 이주의 특성: 화이트칼라를 중심으로」, 『디아스포라연구』 제7권 1호, 2013.

이현정, 「조선족의 종족 정체성 형성 과정에 관한 연구」, 『비교문화연구』 7집 2호, 2011.

이호규, 「'타사'로서의 발견, '우리'로서의 자각과 확인: 2000년대 이후 한국 소설에 나타난 조선족의 양상 연구」, 『현대문학의 연구』 제36집, 2008.

임성숙, 「한국 내 조선족 노동자의 민족정체성 재형성과정」, 한양대학교 석사학위논문, 2004.

임영상, 「동북의 조선족 학교와 조선족 문화관—민족문화예술교육의 협력」, 『백산학보』, 94호, 2012.

임재해, 「다문화사회의 재인식과 민속문화의 다문화주의 기능」, 『비교민속학』 제47집, 2012.

정근재, 『그 많던 조선족은 어디로 갔을까?』, 북인, 2005.

최병우, 「한중수교 이후 조선족 소설에 나타난 삶과 의식」, 『한중인문학연구』 제37집, 2012.

허휘훈, 「중국 조선족 풍속과 한국인 풍속의 상이성 및 그 력사 문화적 원인에 대한 연구」, 『강원민속학』, Vol.19.

Bausinger, Hermann, *Volkskultur in der technischen Welt*, Stuttgart, 1961.

Hillmann, Karl-Heinz(Ed.), *Wörterbuch der Soziologie*, Aufl.4, Stuttgart: Kröner, 1994.

Riehl, Wilhelm Heinrich, "Die Volkskunde als Wissenschaft"(1858), in: *Culturstudien aus drei Jahrhunderten*, Stuttgart 1859.

Wigelmann, Günter [u.a], *Volkskunde*, Berlin 1977.

『연합뉴스』

제2장 국내 거주 고려인, 사할린 한인의 생활문화와 한국인과의 문화갈등

고려인동포 합법적 체류자격 취득 및 정착 지원을 위한 특별법(법률 11690호, 2013. 5. 20 제정, 2013. 3. 23 개정)

광주광역시 고려인 주민 지원 조례(광주광역시조례 제4291호, 2013.10.1)

재외동포재단법(법률 제5313호, 1997. 3. 27 제정, 2014. 1. 17 일부 개정)

재외동포의 출입국과 법적 지위에 관한 법률(법률 제6015호, 1997. 12. 3 제정, 2013. 3. 23 일부 개정)

충청남도 사할린 영주 귀국 주민 지원에 관한 조례(충청남도조례 제3895호, 2014. 3.20)

강희영, 「한인여성디아스포라의 이주경험과 트랜스로컬 정체성 연구」, 한양대학교 사회학과 박사학위논문, 2012.

국회법제사법위원회, 『재외동포의 법적 지위에 관한 새로운 입법방향』, 2003.

김승력, 「국내 체류 고려인 동포의 현황과 과제」, 『이주 150주년과 고려인의 과거·현재·미래』, 2013.

김인성, 「사할린 한인의 한국으로의 재이주와 정착분석: 제도 및 운용실태를 중심으로」, 『재외한인연구』 제24호, 2011.

노영돈, 「재외동포법 개정방향에 관한 연구」, 『국제법학회논총』 제47권 제3호, 2002.

박선영, 「사회통합을 위한 국민범위 재설정」, 『저스티스』 통권 제134-2호, 2013.

박재인·정진아, 「재러고려인의 역사적 트라우마와 치유방향」, 『코리언의 역사적 트라우마』, 선인, 2012.

반병률, 「러시아 한인사회와 정체성의 변화―러시아 원동 시기(1863~1937)를 중심으로」, 『한국사연구』 제140호, 2008.

배덕호, 「토론문」, 『재외동포 법제 개선을 위한 토론회―방문취업제를 중심으로』, 2006.

배수한, 「영주귀국 사할린 동포의 거주실태와 개선방향: 부산 정관 신도시 이주자 대상으로」, 『국제정치연구』 제13집 2호, 2010.

신현준 엮음, 『귀환 혹은 순환―아주 특별하고 불평등한 동포들』, 그린비, 2013.

이병수·김종군, 「코리언 정체성 연구의 관점과 방법론」, 『코리언의 민족정체성』, 선인, 2012.

이영심·최정신, 「우리나라에 거주하는 고려인의 주거 및 주생활―재한 고려인 이주 노동자의 주거 지원을 위한 탐색」, 『대한가정학회지』 제46권 4호, 2008.

이종훈, 「재외동포법 개정론과 폐지론의 합리성 검토」, 『재외동포법』, 사람생각, 2002.

정근식·염미경, 「디아스포라, 귀환, 출현적 정체성―사할린 한인의 역사적 경험」, 『재외한인연구』 제9호, 2000.

정인섭, 「재외동포법의 문제점과 향후 대처방안」, 『제외동포법』, 사람생각, 2002.

정진아, 「연해주·사할린 한인의 삶과 정체성」, 『한민족문화연구』 제38집, 2011.

정진아, 「코리언의 민족어 현실과 통합의 미래―중심과 주변의 위계를 넘어」, 『겨레어문학』 제51집, 2013.

정진아·박민철, 「재러 고려인의 생활문화」, 『코리언의 생활문화』, 선인, 2012.

한혜인, 「사할린 한인 귀환을 둘러싼 배제와 포섭의 정치―해방후~1970년대 중반까지의 사할린 한인 귀환움직임을 중심으로」, 『사학연구』 제102호, 2011.

황신용, 「한국의 재외동포 정책분석」, 고려대학교 국제관계학과 석사학위논문, 2005.

제3장 이분법에 갇힌 조선사람: 국내 이주 재일조선인의 한국살이

국제고려학회 일본지부 『재일코리안사전』 편찬위원회 편, 정희선 · 김인덕 · 신유원 옮김, 『재일코리안사전』, 선인, 2012.

권혁태, 「'재일조선인'과 한국사회: 한국사회는 재일조선인을 어떻게 '표상'해 왔는가」, 『역사비평』 통권78호, 역사비평사, 2007.

김누리 외, 『머릿속의 장벽: 통일 이후 동 · 서독 사회문화 갈등』, 한울아카데미, 2006.

김누리 외, 『나의 통일이야기: 동독주민들이 말하는 독일 통일 15년』, 한울아카데미, 2006.

김인덕, 「해방 후 조련과 재일조선인의 귀환정책」, 『한국독립운동사연구』 제20집, 독립기념관 한국독립운동연구소, 2003.

김진환, 「서평: 감옥 안에 핀 민들레의 노래」, 『황해문화』 2011년 여름호(통권71호), 새얼문화재단, 2011.

김진환, 「재일조선인과 통일: 두 가지 고정관념에 대한 단상」, 지구촌동포연대(KIN) 엮음, 『조선학교 이야기: 차별을 딛고 꿈꾸는 아이들』, 선인, 2014.

김진환 · 김종군, 「코리언 생활문화: 개념, 의의, 연구방법」, 건국대학교 통일인문학연구단 편, 『코리언의 생활문화』, 2012.

김태기, 「한국정부와 민단의 협력과 갈등관계」, 『아시아태평양지역연구』 3권 1호, 전남대학교 아시아태평양지역연구소, 2000.

서경식 지음, 권혁태 옮김, 『언어의 감옥에서: 어느 재일조선인의 초상』, 돌베개, 2011.

신현준, 「동포와 이주자 사이의 공간, 혹은 민족과 국가에 대한 상이한 성원권」, 신현준 엮음, 『귀환 혹은 순환: 아주 특별하고 불평등한 동포들』, 그린비, 2013.

윤다인, 「모국수학이 재일동포의 민족정체성에 미치는 영향에 관한 연구」, 서울대학교 석사학위논문, 2014.

이기식, 『독일 통일 20년』, 고려대학교 출판부, 2011.

이병수, 「통일의 당위성 담론에 대한 반성적 고찰」, 건국대학교 통일인문학연구단 사상이념팀 엮음, 『통일에 대한 인문학적 패러다임』, 선인, 2011.

이재승, 「분단체제 아래서 재일 코리언의 이동권」, 『민주법학』 제52호, 민주주의법학연구회, 2013.

전명혁, 「1970년대 '재일교포유학생 국가보안법 사건' 연구: '11·22사건'을 중심으로」, 『한일민족문제연구』 21권, 한일민족문제학회, 2011.

정병호, 「한국의 다문화 공간: 문화의 창구, 시대의 접점」, 정병호·송도영 엮음, 『한국의 다문화공간』, 현암사, 2011.

조경희, 「이동하는 '귀환자'들: '탈냉전'기 재일조선인의 한국 이동과 경계의 재구성」, 신현준 엮음, 『귀환 혹은 순환: 아주 특별하고 불평등한 동포들』, 그린비, 2013.

조경희, 「남북분단과 재일조선인의 국적: 한일 정부의 '조선적'에 대한 해석을 중심으로」, 『통일인문학』 제58집, 건국대학교 인문학연구원, 2014.

『연합뉴스』, 『오마이뉴스』, 『한겨레21』

제4장 북한이탈주민과 한국인의 집단적 경계 만들기 또는 은밀한 적대감

가상준·김재신·임재형, 「한국 내 북한이탈주민, 조선족, 외국인 노동자에 대한 혐오감과 관용」, 『분쟁해결연구』 제12권 1호, 단국대학교 분쟁해결연구센터, 2014.

강태영·황유선·강경미, 「북한 이탈 청소년들의 남한 텔레비전 시청 행위와 사회 적응」, 『한국언론학보』 제55권 6호, 한국언론학회, 2011.

곽정래, 「북한이탈주민의 커뮤니케이션 활동이 사회적 가치 수용과 삶의 질 평가에 미치는 영향에 관한 연구」, 『한국언론학보』 제55권 3호, 한국언론학회, 2011.

김누리 외, 『머릿속의 장벽―통일 이후 동·서독 사회문화 갈등』, 한울아카데미, 2006.

김누리 외, 『변화를 통한 접근―통일 주역이 돌아본 독일 통일 15년』, 한울아카데미, 2006.

김명준, 『남북 통합을 위한 방송의 역할 연구』, 한국방송학회, 2014.

김종군·정진아, 『고난의 행군시기 탈북자 이야기』, 박이정, 2012,

김현경, 「난민으로서의 새터민의 외상(trauma) 회복 경험에 대한 현상학 연구」, 이화여자대학교 박사학위논문, 2006.

김현경, 「남북한 이문화 부부의 적용에 관한 연구-남한주민과 결혼한 북한출신 배우자의 부부 적용에 대한 인식을 중심으로」, 『한국가족관계학회지』 제15권 1호, 한국가족관계학회, 2010.

김현경, 「북한이탈주민의 사회적 지지 체계로서의 인터넷 활용에 관한 질적 연구」, 『사이버커뮤니케이션학보』 제29권 1호, 사이버커뮤니케이션학회, 2012.

민 영, 「이주 소수자의 미디어 이용, 대인 커뮤니케이션 그리고 적대적 지각: 북한이탈주민의 심리적 적응에 대한 탐색」, 『한국언론학보』 제56권 4호, 한국언론학회, 2012.

박균열, 「북한에 대한 국민의 인식 변화」, 『북한학보』 제29집, 북한연구소, 2004.

박명규 외, 『2013 통일의식조사』, 서울대학교 통일평화연구원, 2013.

박정란·강동완, 「북한 주민의 남한 미디어 수용과 왜곡된 남한 상」, 『통일연구논총』 제21권 1호, 통일연구원, 2012.

신현옥 외, 『제 3국 출생 북한이탈주민 자녀 기초조사 연구』, 여성가족부·무지개청소년센터, 2011.

엄한아, 「한국 언론의 탈북민 프레임 분석」, 이화여자대학교 석사학위논문, 2015.

오기성, 『남북한 문화통합론』, 교육과학사, 1999.

이민규·우형진, 「탈북자들의 텔레비전 드라마 시청에 따른 남한사회 현실 인식에 관한 연구: 문화계발효과와 문화동화이론을 중심으로」, 『한국언론학보』 제48권 6호, 한국언론학회, 2004.

이민영, 『남북한 이문화 부부의 통일이야기-북한이탈주민과 남한주민의 결혼생활에 관한 네러티브 연구-』, 한국학술정보, 2007.

이정철·김갑식·김효숙, 『이탈주민을 통해 본 북한 주민의 언론과 사회에 대한 이해』, 한국언론진흥재단, 2011.

이태주 외,『학교 밖 탈북청소년 심층연구』, 한국교육개발원, 2010.

전영선,『북한의 언어: 소통과 불통 사이의 남북언어』, 경진출판, 2015.

하지현,「북한이탈주민의 정서적 소통 방법의 이해」,『통일인문학논총』제53
집, 건국대학교 인문학연구원, 2012.

찾아보기

저자소개

정진아 건국대학교 통일인문학연구단 HK교수

전영선 건국대학교 통일인문학연구단 HK연구교수

김진환 건국대학교 통일인문학연구단 HK연구교수

김 면 건국대학교 통일인문학연구단 HK연구교수